과학수사

범인을 찾아라!

사진출처

연합뉴스_ **19p** / 현장에 출동한 과학수사대 **22p** / 영상을 분석하는 과학수사대 **23p** / 곤충을 분석하는 과학수사대 **98p** / 흥수아이 뼈, 흥수아이 복원 모습 **110p** / 경찰 공무원 시험 중 체력 시험 **113p** / DNA 분류 중인 연구원, 버스 화재 사건을 감식하는 연구원 **114p** / 지문 분석 중인 경찰청 지문감정관

KIST 한국과학기술연구원_ **102p** / 나이를 반영한 얼굴 변화

범인을 찾아라! 과학수사

ⓒ 김원섭, 2017

1판 1쇄 발행 2017년 2월 15일 | **1판 5쇄 발행** 2022년 12월 30일

글 김원섭 | **그림** 오승원 | **감수** 서울과학교사모임
펴낸이 권준구 | **펴낸곳** (주)지학사
본부장 황홍규 | **편집장** 윤소현 | **편집** 박보영 서동조 김승주
디자인 이혜리 | **마케팅** 송성만 손정빈 윤술옥 이혜인 | **제작** 김현정 이진형 강석준
등록 2010년 1월 29일(제313-2010-24호) | **주소** 서울시 마포구 신촌로6길 5
전화 02.330.5263 | **팩스** 02.3141.4488 | **이메일** arbolbooks@jihak.co.kr
ISBN 979-11-85786-91-9 74400
ISBN 979-11-85786-82-7 74400(세트)
잘못된 책은 구입하신 곳에서 바꿔 드립니다.

제조국 대한민국 사용연령 8세 이상
KC마크는 이 제품이 공통안전기준에 적합하였음을 의미합니다.

아르볼은 '나무'를 뜻하는 스페인어. 어린이들의 마음에 담긴 씨앗을 알찬 열매로 맺게 하는 나무가 되겠습니다.

홈페이지 www.jihak.co.kr/arb/book | **포스트** post.naver.com/arbolbooks

펴냄 글

✉ 과학은 왜 어려울까?

- 생물, 지구과학, 물리, 화학 등 공부해야 할 범위가 넓다.
- 책이나 교과서를 볼 땐 이해할 것 같다가도 돌아서면 헷갈린다.
- 과학 현상이나 원리가 어려워서 이해가 안 된다.
- 과학 공부를 할 때 어려운 단어가 많이 나온다.

✉ 과학 공부, 쉽게 하려면 통합교과 시리즈를 펼치자!

통합교과란?

- 서로 다른 교과를 주제나 활동 중심으로 엮은 새로운 개념의 교과
- 하나의 주제를 **개념·인체·물리·심리·미술·직업** 등 다양한 영역에서 접근해 정보 전달 효과를 높임
- 문이과 통합 교육 과정에 안성맞춤

이런 학생들에게 통합교과 시리즈를 추천합니다!

과학 교과를 처음 배우는 초등학고 **3학년**

과학이 지겹고 어렵게 느껴지는 **4학년**

개념
개념을 알아야 주제가 보인다!
개념 완벽 정리!

직업
관련된 직업을 살펴보고
나와 맞는 꿈 찾기

인체
우리 몸의 신비함과
소중함을 깨닫기

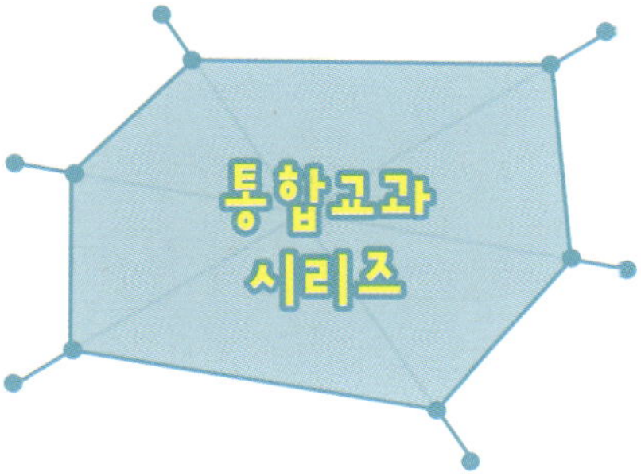

미술
주제 속 예술 분야를 보고
창의력 키우기

물리
과학 분야를 샅샅이 파고들어
주제에 대한 이해력을 쏙!

심리
다른 사람의 행등과
마음을 관찰하기

통합교과 시리즈

차례

1화
사건 발생부터 범인 검거까지
개념 과학수사란 무엇일까? 10

- 16 사건이 발생했다! 출동!
- 20 사건을 수사하는 형사
- 24 범인의 행동과 마음을 꿰뚫어 보라!
- 30 한 걸음 더 – 그림으로 알아보는 수사 관련 용어
- 18 증거를 찾아라!
- 22 남겨진 물건과 죽은 사람을 조사하라!
- 26 퍼즐을 완성하라!

2화
개인 정보로 가득한 사람의 몸
인체 몸에서 나온 증거 32

- 38 손끝이 남긴 범인의 얼굴
- 42 머리카락 한 올은 범인의 또 다른 얼굴
- 45 사과에 남은 치아 자국
- 40 사건의 열쇠가 된 혈흔
- 44 목소리에 담긴 증거
- 48 한 걸음 더 – 지문 인식의 원리

3화
모든 접촉은 흔적을 남긴다
물리 범인이 남긴 흔적 50

- 56 현장에 찍힌 발자국과 타이어 자국
- 60 도구가 남긴 흔적 – 도구흔
- 66 한 걸음 더 – 사건 해결에 열쇠가 된 흔적
- 58 미끄러진 자동차의 비밀 – 스키드 마크
- 62 총이 총알에 지문을 찍는다고? – 총기 발사흔

4화
거짓말이 보여요 심리 범죄자의 생각과 행동 분석 68

- 74 범인에 대해 꿰뚫어 보는 범죄심리학
- 76 몸의 변화를 찾는 거짓말 탐지기
- 78 이 문서는 진짜일까? 가짜일까?
- 80 기억은 범인을 알고 있다 – 법최면
- 84 한 걸음 더 – 행동을 보면 마음이 보여요!

5화
영상과 그림으로 기록하는 얼굴 미술 범인 얼굴 그리기 86

- 92 공룡은 모두 상상이다? – 복원
- 94 말 없는 목격자 – CCTV
- 96 증언으로 만든 얼굴 – 몽타주
- 98 컴퓨터로 다시 만드는 얼굴 – 안면 복원
- 102 한 걸음 더 – 나이 변환 기능을 이용한 3차원 몽타주

6화
수사를 위해 모인 사람들 직업 과학수사 관련 직업 104

- 110 발로 뛰며 범인을 잡는 경찰
- 112 과학으로 진실을 밝히는 국립과학수사연구원(NFS)
- 114 우리나라의 CSI 과학수사관리관(KCSI)
- 116 범인을 분석하고 사건을 재구성하는 프로파일러
- 120 한 걸음 더 – 인물로 보는 과학수사

122 워크북 / 134 정답 및 해설 / 136 찾아보기

등장인물

전다래
세상에서 일어나는 모든 일에 관심이 많은 소녀.
경찰청 어린이 명예 기자가 되어 경찰에 대해 취재한다.
여러 사람의 도움으로 사건 수사에 대한 과정을 익히게 되고,
그 속에서 새로운 꿈을 품게 되는데…….
과연 다래의 꿈은 무엇일까?

나석이
자기 스스로 다래의 남자 친구라 부르는 말썽꾸러기 소년.
사건 수사에 참여하게 된 다래를 보호한다는 핑계로
항상 쫓아다닌다. 하지만 자꾸만 수사에 방해가 되는데…….
과연 석이는 다래와 함께 무사히 취재 과정을 마칠 수 있을까?

흔적이

과학수사대를 지휘하는 17년 경력의 베테랑 반장.
아주 작은 증거물, 보이지 않는 단서도 절대 놓치지 않는다.
사건 수사 과정을 궁금해하는 다래와 석이에게
과학수사에 대한 모든 것을 알려 준다.

다잡아

검거해야 하는 범인은 절대 놓치지 않는 형사.
항상 시민의 안전을 위해 애쓰며, 사건이 생기면
빠르게 출동한다. 성격은 무뚝뚝하지만 알고 보면
추리해를 짝사랑하는, 마음만은 따뜻한 순정파!

추리해

경찰청 소속 프로파일러. 기초 과학 지식뿐만 아니라
관찰력, 집중력, 논리력이 높은 사건 추리의 달인이다.
다래와 석이에게 친근하게 다가와 도움을 준다.

1화
사건 발생부터 범인 검거까지

개념 과학수사란 무엇일까?

- 사건이 발생했다! 출동!
- 증거를 찾아라!
- 사건을 수사하는 형사
- 남겨진 물건과 죽은 사람을 조사하라!
- 범인의 행동과 마음을 꿰뚫어 보라!
- 퍼즐을 완성하라!

한눈에 쏙 - 과학수사란 무엇일까?
한 걸음 더 - 그림으로 알아보는 수사 관련 용어

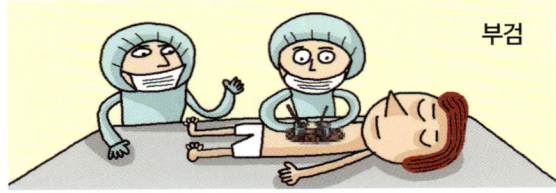

과학수사란 무엇일까? • 13

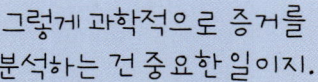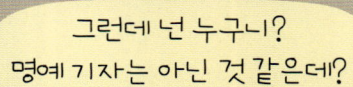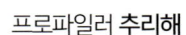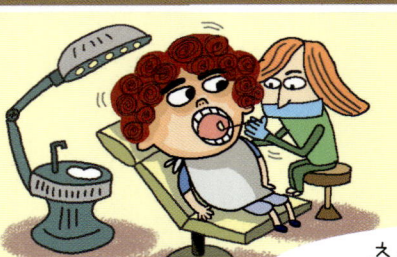

사건이 발생했다! 출동!

삐용삐용! 사이렌 소리가 요란하게 울리면 깜짝 놀라서 가슴이 두근거리지요? 그건 아마 신고를 받고 출동하는 경찰이나 응급 구조대가 내는 소리일 거예요. 신고는 어떻게 하는 걸까요?

신고하여 사건 접수!

사건·사고가 일어나면 그 주위에 있던 사람이나 발견한 사람이 관련 기관에 신고를 해요. 주로 사람이 다치거나 재난 상황일 경우에는 119에, 범죄 상황일 때는 112로 전화를 걸지요. 119는 안전 신고 번호예요. 119로 사건이 접수되면, 가까운 소방서로 연결되어 소방대원들이 출동해요. 112는 범죄 신고 번호예요. 112로 신고가 들어오면 가까운 지구대나 파출소로 연결되어 경찰이 출동한답니다.

TIP

유럽에서도 범죄 신고는 112

신기하게도 범죄 신고 112는 우리나라만 사용하는 게 아니에요. 특히 유럽 연합에 속한 나라들은 대부분 112를 범죄, 사고, 폭력 등의 긴급 신고 번호로 사용하고 있지요.

다친 사람은 병원으로!

사건·사고 현장에 처음 도착한 경찰관은 어떤 일을 할까요? 먼저 다친 사람이 있는지 살펴봐야 해요. 만약 누군가 다쳤다면, 바로 병원으로 옮겨야 하지요. 또 다른 사람이 다칠 만한 요소가 남아 있는지 확인하고, 위험한 상황이 계속되지 않도록 문제를 해결해요.

수사* 공간 확보

사건·사고에 대해 조사가 필요한 경우에는 긴급 상황이 정리된 뒤 수사를 해요. 정확한 조사를 위해서는 현장을 있는 그대로 지키는 것이 중요하지요.

경찰은 증거가 사라지거나 상하지 않게, 아무나 함부로 들어오지 못하도록 현장을 막아요. 또 사건을 직접 본 사람, 즉 목격자가 있다면 그들의 얘기를 듣고 기록해 두는 것도 중요한 일이랍니다.

★ **수사** 범죄 사건을 해결하기 위한 모든 활동

증거를 찾아라!

사건·사고가 일어난 현장 중에는 물리학, 화학, 생물학 등 과학적인 방법을 이용하여 수사를 해야 하는 경우가 있어요. 이를 '과학수사'라고 해요. 요즘은 거의 모든 사건에 과학수사를 이용해요. 사건을 해결하려면 반드시 증거를 찾아 분석해야 하는데, 찾을 때도 분석할 때도 다양한 과학 원리가 쓰이기 때문이지요.

과학수사대는 복장이 중요해!

사건 현장은 아무나 들어갈 수 없는 곳이에요. 그래서 과학수사대는 현장에 들어가기 전에 자신들이 과학수사대라는 것을 알리는 옷을 입어요. 만약 과학수사대가 증거를 찾다가 현장에 자기 지문을 남긴다면 어떻게 될까요? 사건 현장이 훼손되어 제대로 된 수사가 어려울 거예요.

> 나의 흔적이 현장에 남지 않도록 최대한 많은 부분을 감싸야 해.

따라서 과학수사대는 반드시 현장에 들어가기 전에 마스크, 장갑, 덧신 등을 착용해야 해요. 그래야 증거뿐만 아니라 자기 몸도 보호할 수 있답니다.

휴대용 과학수사 도구도 중요해!

과학수사대는 복장을 다 갖춘 뒤에 현장으로 들어가요. 이때 반드시 가지고 들어가는 상자가 있어요. 바로 휴대용 과학수사 도구가 담긴 가방이지요.

과학수사대의 휴대용 가방에는 마스크, 장갑 같은 보호 용품이 들어 있어요. 지문이나 핏자국 등을 찾아낼 때 사용하는 붓, 핀셋, 돋보기 등도 들어 있지요.

연구실로 돌아와서도 사건 현장을 생생하게 확인할 수 있도록 사진이나 동영상을 찍기도 해요.

과학수사는 단순히 증거를 찾는 일이 아니에요. 가장 큰 목적은 범인을 잡는 것이기 때문에, 범인이 남긴 흔적을 분석하는 것이 매우 중요하지요. 따라서 과학수사대는 범인이 남긴 증거의 순서나 방향, 모양, 위치 등 작은 단서도 철저하게 조사한답니다.

현장에 들어가기 전에 마스크, 장갑, 덧신 등을 착용 중인 과학수사대

과학수사대가 현장에 가져가는 휴대용 과학수사 도구 가방

사건을 수사하는 형사

사건 현장에서 증거를 찾고 분석하는 일은 과학수사대가 하지만, 전체적인 수사를 진행하는 것은 우리 형사들이야.

아하! 그렇군요. 근데 형사는 경찰이랑 다른가요?

경찰과 형사는 어떻게 다를까?

경찰은 사람들의 안전과 재산을 보호하는 공무원이에요. 군대처럼 계급이 있으며, 부서마다 하는 일이 다르지요. 여러 부서 중 하나가 형사들로 이루어진 '형사과'랍니다.

경찰은 사람들과 직접 만나는 일이 많기 때문에 경찰복을 입고 다녀요. 멀리서도 경찰을 한눈에 알아볼 수 있게 말이에요.

하지만 강력 범죄를 수사하는 형사가 경찰복을 입고 다닌다면, 경찰이라는 티가 너무 많이 나서 범인이 달아나겠지요? 그래서 형사는 일반 경찰과는 달리 자유로운 복장으로 일한답니다.

형사는 무슨 일을 할까?

　형사가 수사를 시작할 때 가장 많이 하는 일은 사건을 직접 본 사람, 가족이나 친구 등을 찾아가 조사하는 거예요. 사건은 대부분 어떤 사연 때문에 일어나요. 그러므로 사건을 일으킨 사람이나 피해를 당한 사람의 주변인들을 만나는 게 중요하지요. 그들에게 최근 무슨 일이 있었는지, 인간관계는 어땠는지 등을 묻고 조사해요.

　이렇게 모은 정보들은 사건 전체의 모습을 확인하는 데 큰 도움이 돼요. 마치 퍼즐 조각을 맞추는 것처럼 말이에요.

　만약 범인으로 의심되는 사람(용의자)이 사라졌다면, 범인이 나타날 만한 장소를 찾아다니기도 한답니다.

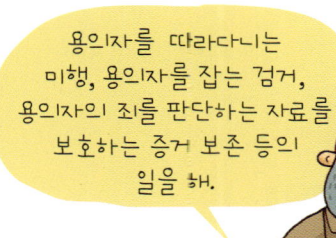

용의자를 따라다니는 미행, 용의자를 잡는 검거, 용의자의 죄를 판단하는 자료를 보호하는 증거 보존 등의 일을 해.

형사가 하는 일

목격자의 증언 기록
사건 현장에 있었거나, 범인을 본 사람으로부터 수사 정보 모으기

탐문 수색
현장 주변을 돌면서 그 지역 주민들을 만나 더 많은 정보를 알아내는 것

용의자 추적 및 잠복
용의자가 나타날 것으로 예상되는 장소를 찾아가 몰래 기다리는 것

남겨진 물건과 죽은 사람을 조사하라!

범죄를 다룬 드라마나 영화를 보면, 마치 사건 현장에 출동한 사람들이 모든 사건을 다 해결하는 것처럼 보여요. 하지만 그건 사실과 달라요. 다양한 분야의 전문가들이 힘을 모아 증거를 분석하여 사건 해결에 도움이 되는 많은 정보를 알아낸답니다.

증거물을 샅샅이 조사하라!

전문가들은 사건 현장에서 수집한 증거물을 여러 방법으로 분석해요. 특히 증거물의 특성에 따라 크게 물리, 화학, 의학 등의 지식을 활용하여 분석하지요.

화재, 교통사고, 영상 및 음성 등의 증거물은 **물리적 지식**을 이용해 분석

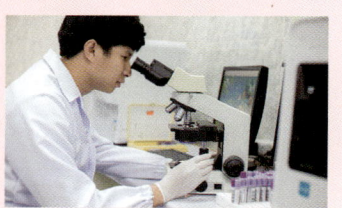

핏자국이나 몸에서 나온 액체, 독극물, 의약품 등의 증거물은 **화학적 지식**을 이용해 분석

만약 사건 현장에 죽은 사람이 있다면 왜, 언제, 어떻게 죽었는지 밝히기 위해 의학적 방법으로 부검*을 해요.

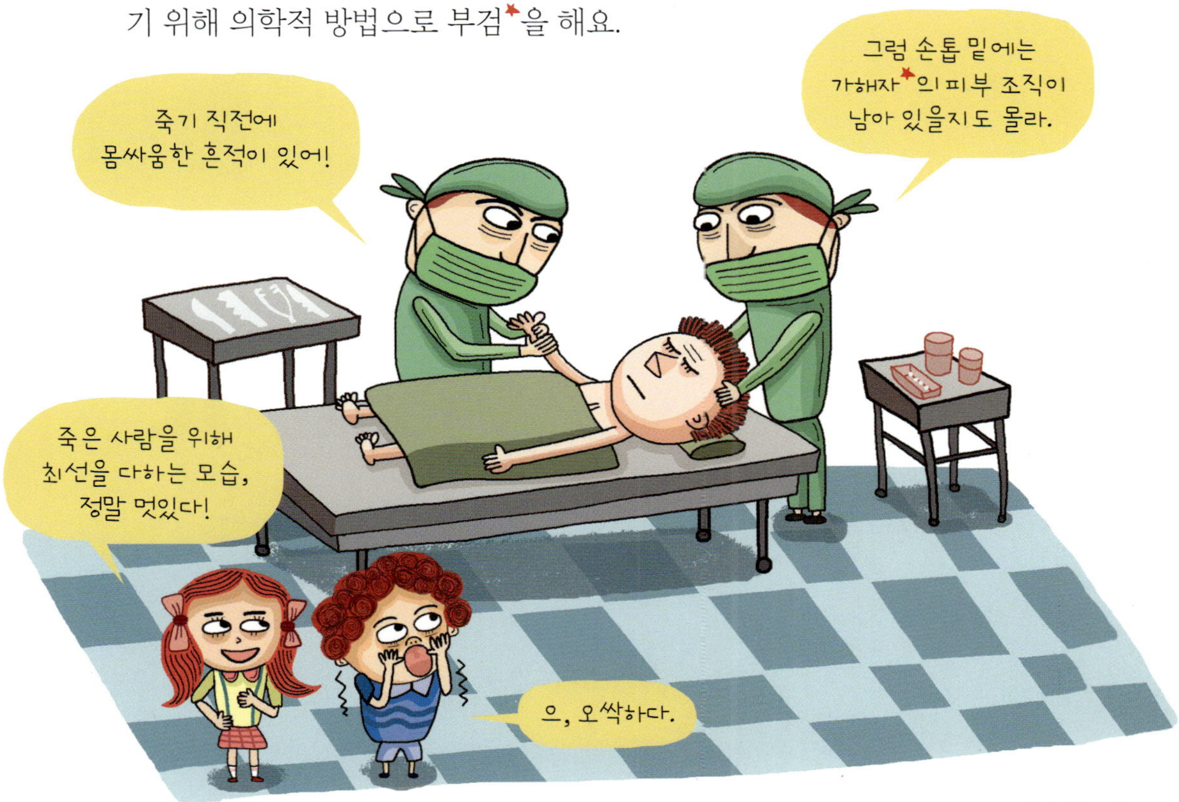

★ **부검** 죽은 이유, 시간 등을 알아내기 위해 시체를 검사하는 것
★ **가해자** 다른 사람에게 해를 끼친 사람

곤충이 중요한 단서라고?

사건 현장에서 발견된 곤충은 사건을 해결하는 데 중요한 단서가 되기도 해요. 특히 시체에 모여든 곤충의 종류와 성장 단계를 살펴보면, 죽은 시간과 환경 등을 알 수 있답니다.

시체에 있던 곤충을 잡아 분석하는 과학수사 대원

 ## 범인의 행동과 마음을 꿰뚫어 보라!

범죄는 대부분 사연을 가지고 있습니다. 복수를 한다거나, 자기 잘못을 감추려는 등의 이유가 있지요.

범죄를 저지르는 사람 중에는 무차별적으로 다른 사람을 해치는 사람도 있어요. 그래서 나 같은 프로파일러가 꼭 필요해요.

범인의 심리 상태를 낱낱이 파헤치는 프로파일러

사회가 발달하고 복잡해지면서 정신적 문제를 가진 사람이 나타나기 시작했어요. 특히 자신의 감정을 조절하지 못해 아무 이유 없이 다른 사람을 해치는 사건도 늘고 있지요.

이처럼 사건 중에는 범죄의 이유, 범인의 행동 등을 이해하기 어려운 경우가 종종 있어요. 그래서 등장한 사람들이 범죄심리 행동분석가, 즉 '프로파일러'예요. 프로파일러는 범인의 심리를 분석하여 사건 해결에 도움을 주는 사람이지요.

> profile (한 사람의 정보) + ~er (어떤 행동을 하는 사람)
> ⇒ profiler 프로파일러 (범인의 정보를 분석하는 사람)

반복되는 사건을 분석하면 범인이 보여요!

프로파일러는 연쇄 살인, 연쇄 강도 등 반복되는 사건을 자세하게 분석해요. 그 속에서 범인의 행동과 특성을 추리하지요. 마치 범인의 생각과 마음을 읽듯이 말이에요.

이처럼 프로파일러는 범인이 어떤 성격이나 버릇을 가졌는지, 외모나 생활 방식은 어떤지 추리하여 범인을 잡는 데 도움을 준답니다.

퍼즐을 완성하라!

훗! 원래 주인공이 마지막을 장식하는 거 알지? 그래서 나 같은 형사가 필요한 거야.

앞에서 살펴본 것처럼, 어떠한 사건을 수사하려면 다양한 전문가들의 노력이 필요해요. 최종 수사 단계에서는 그 결과물을 바탕으로 형사들이 범인을 잡아요.

드라마나 영화에서 보면 형사들이 범인들과 격렬한 몸싸움을 벌이고, 서로 총을 쏘며 쫓고 쫓기는 장면들이 나오지요? 물론 상황에 따라서는 그런 일이 일어나기도 하지만, 실제로는 범인의 위치를 알아내는 데 더 많은 시간과 노력을 들인답니다.

수사망을 좁혀 범인을 잡아라!

형사는 목격자의 증언, 증거물에서 얻은 정보 등을 모아 사건을 수사해요.

여러 정보를 통해 수사망을 좁히다 보면, 결국 범인을 잡게 된답니다.

칼에서 나온 두 사람의 지문 중 하나는 피해자의 것이니까 나머지 한 사람이 범인일 가능성이 크겠군.

과학수사로 밝혀낸 증거의 중요성

과학수사를 통해 얻은 정보는 사건 해결에 매우 중요한 단서 또는 범행의 증거로 사용돼요.

범인을 찾기 위한 정보

과학수사를 통해 범인이 도망쳤을 것 같은 장소와 시간 등을 알아내면, 그 정보를 바탕으로 형사들이 범인을 잡아요.

범인이 자신의 죄를 스스로 인정하게 하는 법적 도구

형사들이 뛰어난 추리로 범인을 알아내도, 범인의 범죄 행동을 뒷받침하는 물건이나 정보, 즉 증거가 없다면 범인을 처벌할 수 없어요. 그래서 범인을 잡을 때는 반드시 증거가 필요해요.

한눈에 쏙!

과학수사란 무엇일까?

사건이나 사고가 생겼을 때
- 긴급 신고 번호로 전화하기
  - 안전 신고 119 ⋯▶ 소방서에 있는 소방대원 출동!
  - 범죄 신고 112 ⋯▶ 경찰서에 있는 경찰 출동!
- 다친 사람은 병원으로 보냄
- 긴급 상황 정리 후 수사 공간 확보

과학수사란?
- 물리학, 화학, 생물학 등 과학적인 방법을 이용하여 사건을 수사하는 것
- 과학수사대 : 사건·사고 현장에 남아 있는 증거를 수집하고 과학적으로 분석
  - 현장 출동 시 주의 사항
    ① 자신의 흔적이 현장에 있는 증거와 섞이지 않게 마스크, 장갑, 덧신 등을 착용 ☞ 증거물 훼손 방지
    ② 현장에 휴대용 과학수사 도구를 가져감 ☞ 카메라, 손전등, 돋보기, 가위, 테이프, 줄자, 붓, 지문 확인용 가루 등

경찰과 형사
- 경찰 : 사람들의 안전과 재산을 보호하는 공무원으로, 계급이 있고 부서마다 하는 일이 다름
- 형사 : 경찰 중에서 범죄 사건을 수사하고 해결하는 사람

형사의 주요 업무
- 사건 목격자와 주변 사람들을 만나 관련 정보를 모음
- 사건 현장 조사 및 탐문 수색
- 용의자 수색 및 잠복
- 범인 검거
- 증거 보존

현장에서 찾은 증거물 분석
- 증거물 특성에 따라 크게 물리, 화학, 의학 등의 지식을 활용하여 분석
    - 물리 : 화재, 교통사고, 영상 및 음성 등 분석
    - 화학 : 핏자국이나 몸에서 나온 액체, 독극물, 의약품 등 분석
    - 의학 : 시체를 부검하여 죽은 원인과 시간 등에 대한 정보 확인

범인의 심리 분석
- 프로파일러 : 사건의 기본적인 정보를 살펴보고 범인이 범죄를 저지른 이유, 범인의 행동 패턴 등을 분석하는 사람
- 범인의 성격, 버릇, 외모, 생활 방식 등을 추리하여 범인 검거를 도움

과학수사로 밝혀낸 증거의 의의
- 범인을 찾기 위한 정보
- 범인이 자신의 죄를 스스로 인정하게 하는 법적 도구

한 걸음 더!

그림으로 알아보는 수사 관련 용어

질서유지선(폴리스라인) 경찰이 사건 현장을 그대로 보존하거나 출입을 통제할 때, 일반 사람들이 들어오지 못하도록 현장 주변에 설치하는 노란색 띠

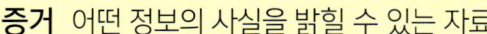

탐문 새로운 정보를 알아내기 위해 여러 사람을 만나 사건에 대해 물으며 조사하는 것

목격자 어떤 사건이나 사고를 직접 눈으로 목격한 사람

증인 어떤 사건이나 정보에 대해 사실인지 아닌지 확인해 주는 사람

증거 어떤 정보의 사실을 밝힐 수 있는 자료

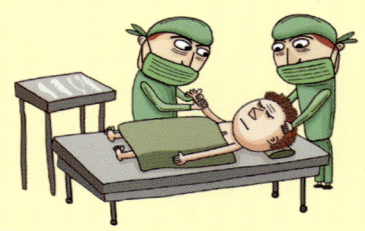

부검 죽은 사람의 사망 원인, 시간 등을 알아내기 위해 시체를 검사하는 것

피해자 자신의 생명, 신체, 재산 등에 위협을 받거나 피해를 본 사람

용의자 확실한 증거는 없으나, 범인으로 의심되어 조사의 대상이 되는 사람

수배 범인, 용의자 등을 잡기 위해 다른 지역에까지 수사를 의뢰하여, 수사망을 널리 펴는 것

잠복 용의자가 나타날 것으로 예상되는 장소에 가서 몰래 기다리는 것

검거 범인을 잡거나, 사건을 조사하기 위해 용의자를 붙잡는 것

피의자 범죄를 저질렀을 가능성이 큰 사람으로, 죄가 인정되면 법적인 대가를 치름

유치장 피의자나 가벼운 죄를 지은 사람을 잠시 가두어 두는 곳

2화 개인 정보로 가득한 사람의 몸

인체 몸에서 나온 증거

· 손끝이 남긴 범인의 얼굴
· 사건의 열쇠가 된 혈흔
· 머리카락 한 올은 범인의 또 다른 얼굴
· 목소리에 담긴 증거
· 사과에 남은 치아 자국

한눈에 쏙 - 몸에서 나온 증거
한 걸음 더 - 지문 인식의 원리

손끝이 남긴 범인의 얼굴

지문은 잘 보이지 않을 뿐더러 훼손하기 쉬운 단서예요. 그래서 늘 조심히 다뤄야 하지요. 현장에 남아 있는 지문은 사건을 해결하는 데 결정적인 증거일 수도 있거든요.

원래 지문은 손가락 끝에 나 있는 땀샘 입구가 튀어나와 만들어진 무늬를 뜻해요. 이 무늬는 사람마다 다르며 평생 변하지 않기 때문에 매우 중요한 단서가 될 수 있지요.

指 紋
손가락 지 무늬 문

지문 사이로 나오는 땀과 기름은 물체에 닿았을 때 흔적을 남기는데, 이 흔적도 지문이라 부른답니다.

지문은 어떻게 찾을까요?

지문은 컵, 창문, 스마트폰, 키보드처럼 손이 자주 닿는 곳에서 쉽게 찾을 수 있어요. 지문을 채취*하기 위해 주로 사용하는 방법은 미세한 가루를 뿌리거나 빛을 이용하는 거예요. 또한 특수한 용액을 사용하면 종이에 남은 지문도 채취할 수 있답니다.

미세한 가루 뿌리기
붓에 알루미늄 가루처럼 고운 금속 가루를 묻혀 뿌린 뒤, 테이프로 무늬를 본뜬다.

빛을 이용해 촬영하기
형광 가루를 뿌린 다음, 강한 빛을 쏘아서 지문을 본뜨거나 촬영한다.

★ **채취** 조사에 필요한 것을 찾거나 얻는 것

신분증과 함께 보관하는 지문

T!P

세계 여러 나라에서는 지문법을 만들어 각 개인의 정보를 지문과 함께 보관하고 있어요.
우리나라는 성인이 되면 반드시 주민등록증을 만들어요. 이때 지문 정보를 기록하여 나라에서 보관한답니다.

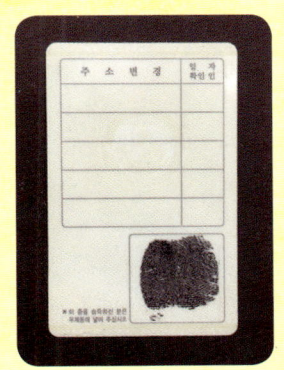

주민등록증 뒷면에 인쇄된 오른손 엄지손가락 지문

사건의 열쇠가 된 혈흔

사건 현장에서 발견된 혈액의 흔적을 혈흔이라고 해요. 때로는 혈흔이 사건을 해결하는 굉장한 열쇠가 되기도 해요.

혈액은 지문처럼 한 사람 한 사람을 특정할 수 없어요. 하지만 혈액형을 분석하여 사건과 관련 있는 사람을 걸러 낼 수 있지요.

血 痕
피 혈　훈적 흔

우리가 흔히 A형, B형, O형, AB형이라 부르는 혈액형은 ABO식 혈액형이에요. 이 분류 방법은 혈액의 한 성분인 적혈구의 특징에 따라 네 가지 유형으로 나눈 것이지요.

혈액에 들어 있는 성분을 더욱 다양한 방법으로 실험하면 훨씬 더 많은 종류로 나눌 수 있답니다.

아주 옅은 혈흔도 쏙쏙 찾는 명약 루미놀

루미놀은 사건 현장에서 혈흔을 찾을 때 사용하는 대표적인 약품이에요. 눈에 보이지 않는 혈흔도 잘 찾아 주지요. 루미놀은 혈액 속 성분과 만나 형광 반응을 일으키기 때문이에요. 매우 적은 양의 혈액과 닿아도 반응하기 때문에 과학수사에 큰 도움이 된답니다.

혈액의 농도가 1만 배 이상 묽어져도 형광 반응이 나타나므로, 혈액을 물로 씻어도 찾아낼 수 있답니다.

그래서 물로 닦아 없앤 내 코피도 찾아낸 거구나.

루미놀을 이용하여 발견한 혈흔(왼쪽)과 형광 반응(오른쪽)

T!P 혈흔 모양이 알려 주는 정보

현장에 남아 있는 혈흔의 모양으로도 다양한 정보를 모을 수 있어요. 혈흔 모양을 통해 피가 떨어진 위치, 날아간 속도 등을 알아내면 그 정보를 이용해 사건 당시 범인의 행동을 짐작해 볼 수 있기 때문이지요.
즉, 수사하는 사람들이 사건 상황을 예측해 볼 수 있다는 점에서 매우 중요한 자료가 된답니다.

오른쪽으로 갈수록 높은 곳에서 떨어진 혈흔

머리카락 한 올은 범인의 또 다른 얼굴

DNA는 생물의 모양과 특징을 결정하는 유전 물질로, 당·인산·염기로 이루어져 있어요. 그중 염기는 4가지 종류(아데닌, 구아닌, 사이토신, 티민)가 있는데, 이 염기의 배열 모습은 사람마다 달라요. 그래서 개개인을 확인하는 데 중요한 자료가 된답니다.

수사 기관에서 DNA 정보를 알아냈어도, 그것이 누구의 것인지 바로 알 방법은 없어요. 나라에서 각 개인의 지문 정보는 가지고 있지만, DNA 정보는 가지고 있지 않기 때문이에요.

그 대신 범인으로 의심되는 사람의 DNA와 증거물에서 찾은 DNA를 비교하면, 그 사람이 범인인지 아닌지 확인할 수 있는 증거가 된답니다.

DNA는 어디서 찾아낼까?

DNA는 주로 머리카락, 침, 혈액 등에서 뽑아내요. 따라서 사건 현장에서 모은 증거물 중 사람 몸에서 나온 물질은 DNA 분석실로 보내지요.

DNA 분석은 매우 어려운 작업이기 때문에 10일 이상 걸린답니다.

입이 닿은 곳에는 침 성분이 묻어 있으므로 DNA를 얻기 쉽다.

DNA 정보를 모으는 DNA 은행

DNA는 지문과 달리, 모든 사람이 나라에 정보를 제공하지 않아요. 하지만 범죄자, 용의자의 DNA 정보는 나라에서 보관하고 있지요. 이것을 DNA 은행이라고 해요.
범죄를 일으킨 사람이 또다시 나쁜 짓을 했을 경우에는 DNA 은행을 통해 누구의 범행인지 빨리 찾을 수 있답니다.
하지만 한번 범죄를 저지른 사람이 다음에 또 범죄를 저지를 것이라고 예측하는 것은 그들을 예비 범죄자로 생각할 수 있다는 점에서 비판받기도 해요.

목소리에 담긴 증거

유괴는 사람을 속여서 강제로 데려간 뒤, 돈이나 원하는 것을 요구하는 범죄예요. 유괴 사건의 범인은 대부분 피해자 가족에게 돈을 요구하기 위해 전화를 하지요. 이때 걸려 온 범인의 음성은 범인을 잡는 데 매우 중요한 단서가 된답니다.

사람의 목소리는 입안, 성대, 혀, 입술 등 여러 발음 기관이 만들어 내는 악기 소리와 같아요. 사람마다 발음 기관의 구조가 다르므로, 소리도 모두 다르지요.

범인이 자신의 목소리를 감추기 위해 일부러 소리를 바꾸는 경우도 있어요. 평소와 다른 목소리를 내거나 특별한 장비를 사용하기도 하지요. 이러한 음성 변조도 과학수사 장비를 통해 분석할 수 있어요. 특히 음성을 눈으로 볼 수 있게 해 주는 분석기를 통해 범인의 목소리를 잡아내고 있답니다.

사과에 남은 치아 자국

실제 미국에서 이런 일이 있었어요. 총으로 사람을 죽인 사건이었는데, 증거가 부족하여 범인을 잡을 수 없었지요. 이 사건의 유일한 증거물은 범인이 남긴 것으로 보이는 한 입 베어 먹은 사과뿐이었어요. 형사들은 사과에 남은 치아 흔적, 즉 치흔을 분석하기로 했어요. 치흔을 살펴본 전문가들은 사과를 먹은 사람이 다음과 같은 특징을 지녔다고 말했어요.

❶ 큰 키 ❸ 뾰족한 턱

❷ 마른 몸 ❹ 길고 좁은 얼굴

형사들은 용의자들 중 이러한 특징을 지닌 사람의 치아를 본뜬 결과 범인을 찾아낼 수 있었답니다.

누구인지 모르는 사람의 신원*을 치아로 확인한다?!

치아는 불에 타지도 않고 쉽게 썩지도 않는 부분이에요. 따라서 신원을 모르는 사람이 발견됐을 경우, 그 사람의 치아와 치과 기록을 비교하여 누구인지 밝힐 수 있답니다.

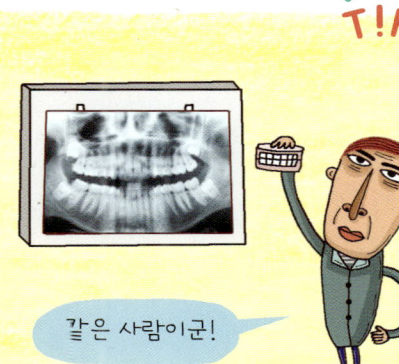

★ **신원** 나이, 주소, 호적, 직업 등 개인의 성장 과정과 관련된 정보

한눈에 쏙!

몸에서 나온 증거

지문

- 손가락 끝에 나 있는 땀샘 입구가 튀어나와 만들어진 무늬
- 사람마다 무늬가 다 다르므로 신원 확인에 중요한 단서가 됨
- 지문 사이로 나오는 땀과 기름은 물체에 닿았을 때 도장처럼 흔적을 남김
- 미세한 가루를 뿌리거나 빛을 이용하여 찾음
- 우리나라에서는 주민등록증을 만들 때, 성인의 지문 정보를 기록하여 나라에서 보관함

혈흔

- 혈액의 흔적
- 혈액은 지문처럼 사람마다 다 다르지 않고, 여러 유형으로 분류됨
- 루미놀 : 아주 옅은 혈흔도 찾아내는 화학 약품
- 혈흔의 모양을 분석하면 사건 당시 범인의 행동을 추리해 볼 수 있음

DNA

- 생물의 모양과 특징을 결정하는 유전 물질로, 당·인산·염기로 구성
- 염기는 4가지 종류가 있는데, 이 염기의 배열이 사람마다 달라 신원 확인에 중요한 증거가 됨
- DNA는 주로 머리카락, 침, 혈액 등에서 뽑아냄
- DNA 은행 : 범죄자 또는 용의자의 DNA 정보를 나라에서 보관하는 것

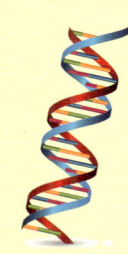

목소리

- 사람의 음성
- 사람마다 입안, 성대, 혀, 입술 등 여러 발음 기관의 구조가 다르므로 목소리도 다름
- 기계를 통해 음성 변조도 분석해 냄

치흔

- 치아 흔적
- 신원을 모르는 사람이 발견된 경우, 치아와 치과 기록을 비교하여 누구인지 밝혀낼 수 있음

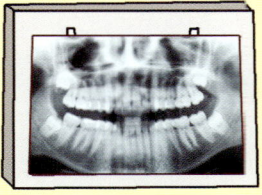

한 걸음 더!

지문 인식의 원리

대부분 사람들은 자신의 스마트폰에 비밀번호를 설정해 둬요. 아무나 열어 보지 못하도록 잠금장치를 하는 것이지요. 비밀번호를 설정해 두면 개인 정보를 보호할 수 있으니까요. 스마트폰의 비밀번호 방식은 다양해요. 보통 숫자를 입력하거나, 모형을 그려서 열어요.

또한 스마트폰이 몸의 일부를 자동으로 인식하여 열기도 하는데, 대표적으로 '지문'을 활용하는 방법이 있답니다.

지문은 사람마다 다르기 때문에 본인을 확인하는 데 이용할 수 있지요.

그렇다면 스마트폰은 어떻게 사람의 지문을 인식하는 걸까요? 지문을 인식하는 원리는 크게 2가지 방법으로 나눌 수 있어요. 빛을 이용하여 직접 스캔하는 방식과 전기로 인식하는 방법이에요.

지문 인식 시스템은 지문을 이용하여 내가 '나'라는 사실을 밝히는 거야.

빛을 이용하라!

먼저 손가락 지문을 미리 스캔해서 기계에 저장해요. 그런 뒤, 지문을 등록한 사람이 손가락을 스캐너에 갖다 대면 빛을 쏘아 지문을 스캔하고, 저장해 둔 지문과 맞춰 본답니다. 빛을 이용한 지문 인식 방법은 주로 출입문에 많이 사용해요.

전기를 이용하라!

스마트폰은 대부분 전기의 양으로 지문을 인식해요. 기계의 지문 인식 부분에 손가락을 갖다 대면, 지문의 들거가고 튀어나온 부분의 거리에 따라 필요한 전기의 양이 달라서, 그 차이로 지문을 인식하지요.

T!P

홍채를 인식하여 본인임을 증명하다!

스마트폰 잠금장치는 다양하게 발전하고 있어요. 홍채를 인식하여 본인을 인증하는 방법도 그중 하나지요. 홍채는 동공 주위의 조직으로, 빛의 양을 조절하는 역할을 해요. 홍채도 지문처럼 사람마다 다르기 때문에, 각 개인을 인식하여 잠겨 있는 기계를 푼답니다.

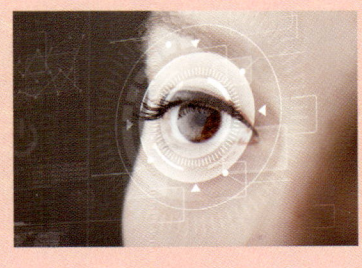

3화
모든 접촉은 흔적을 남긴다

물리 범인이 남긴 흔적

- 현장에 찍힌 발자국과 타이어 자국
- 미끄러진 자동차의 비밀 – 스키드 마크
- 도구가 남긴 흔적 – 도구흔
- 총이 총알에 지문을 찍는다고? – 총기 발사흔

한눈에 쏙 – 범인이 남긴 흔적
한 걸음 더 – 사건 해결에 열쇠가 된 흔적

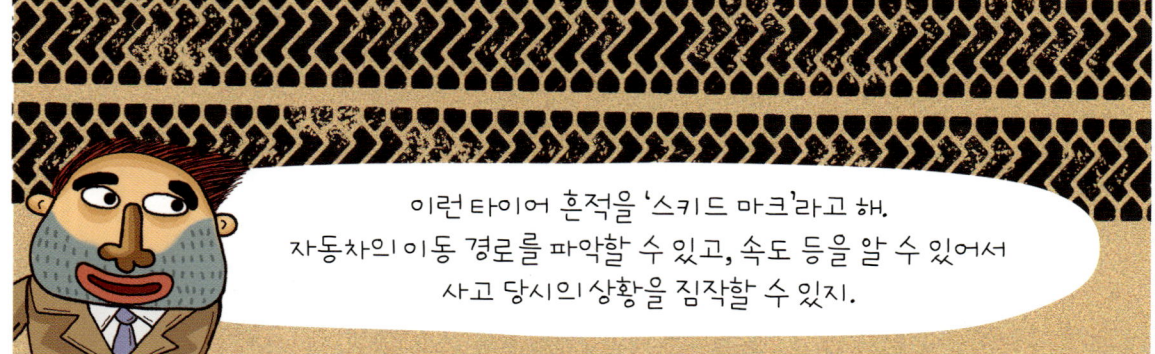

 현장에 찍힌 발자국과 타이어 자국

사고 현장에는 다양한 흔적이 남아요. 특히 발자국, 자전거 자국, 타이어 자국처럼 사람이 이동할 때 눌려서 생긴 자국은 사건을 해결하는 데 큰 도움이 되지요.

똑같은 신발과 타이어도 구별할 수 있을까?

나석이가 다잡아 형사를 범인으로 의심했던 것은 사고 현장에 남은 타이어 자국과 다잡아 형사의 타이어가 같은 무늬였기 때문이에요.

하지만 같은 회사의 타이어나 신발이라고 해서 무늬가 모두 똑같다고 생각하면 안 돼요. 신발을 한 번이라도 신었다면 닳은 부분이 생기니까요. 어딘가에 찍히거나 돌이 박힌 자국까지 똑같을 수는 없겠지요?

그러므로 자국은 범인을 확인하는 증거가 된답니다.

현장에 남은 자국은 범인을 확인하는 증거로도 사용하지만, 사건을 해석하는 데에도 쓰여요. 범인이 몇 명인지, 어디로 들어와서 어디로 향했는지, 얼마나 빨리 움직였는지, 범인의 몸무게는 어느 정도인지 등을 짐작할 수 있지요.

증거물이 된 발자국

사람의 발자국에는 많은 정보가 담겨 있어요. 특히 사건 현장이라면 범인의 발 길이, 걸을 때 보폭*이나 각도 등을 알아낼 수 있지요.

키가 큰 사람이 걸을 때는 작은 사람에 비해 양발 사이가 더 넓어요. 무거운 짐을 옮기는 등의 특별한 경우가 아니라면, 다리 사이 각도도 거의 변하지 않지요.

현장에서 나온 발자국을 각 다리 길이에 대한 평균 길이나 각도 등에 비교하면, 범인의 움직임을 짐작해 볼 수 있답니다.

★ **보폭** 양발 사이의 간격

미끄러진 자동차의 비밀 - 스키드 마크

왼쪽 사진처럼, 차가 다니는 도로 위에 새겨진 까만 타이어 자국을 본 적 있나요? 이게 바로 스키드 마크예요. 자동차 사고 현장에서 종종 볼 수 있지요.

운전자가 빠르게 몰던 차를 세우기 위해 갑자기 브레이크를 밟으면, 도로와 타이어 사이가 세게 비벼지면서 뜨겁게 열이 나요. 이때 고무가 살짝 녹아 타이어 자국이 생기지요.

스키드 마크를 통해 무엇을 알 수 있을까?

스키드 마크로 가장 먼저 알 수 있는 사실은 자동차의 속도와 방향이에요. 브레이크를 밟기 전의 속도가 빠를수록, 스키드 마크가 더 길게 나타나지요. 속도가 빠르면 차를 세우기 더 힘드니까요.

또 스키드 마크의 휘어진 정도에 따라 운전자의 실수인지, 아니면 일부러 그랬는지 짐작할 수 있답니다.

곡선으로 길게 휘어진 자국
주로 장애물을 피하기 위해 브레이크를 밟으며 자동차 방향을 바꿀 때 생겨요.

불규칙하게 끊어진 자국
브레이크를 밟았다 떼었다 할 때 생겨요.

갭 스키드 마크

스키드 마크가 생긴 다음, 일정한 거리가 지난 뒤에 또 자국이 생기는 경우가 있어요. 이는 운전자가 브레이크를 밟았다가 깜짝 놀라는 바람에 발을 떼었다 다시 밟는 경우에 주로 나타나요.

혹시 고양이 같은 길 짐승을 보고 놀란 걸까?

도구가 남긴 흔적 – 도구흔

 도둑들은 자신의 모습을 들키지 않기 위해 많은 준비를 해요. 예를 들어, 가면이나 모자를 써서 얼굴을 숨기고 머리카락을 떨어뜨리지 않게 조심하지요. 또 범행 장소에 지문이 묻는 것을 막기 위해 장갑을 끼기도 해요.

 도둑이 머리카락이나 지문 등 개인적인 흔적을 남기지 않았을 경우, 더욱 주의해서 살펴봐야 하는 것이 바로 도구흔이에요.

 도구흔은 드라이버, 칼, 망치 등의 도구로 충격을 주었을 때 생기는 흔적을 뜻해요. 도둑은 범행 장소에 들어가기 위해 여러 도구를 이용하여 문을 부수거나 사슬을 끊지요. 이때 도구흔이 남는 경우가 많답니다.

도구흔을 분석하면 범인이 사용했던 도구가 어떤 것인지 알아낼 수 있어요. 범인이 사용한 도구를 알면, 사건을 재구성하거나 다른 사건과의 비슷한 점을 확인하는 데 큰 도움이 된답니다.

어떤 도구가 도구흔을 남길까?

절단기
쇠사슬이나 금속으로 된 줄을 자르는 도구로, 잘린 부분이 눌리면서 매끄럽게 잘린다.

노루발못뽑이
문틈에 끼우고 틈을 강제로 벌려 문을 여는 도구로, 힘을 받은 부분이 휘어진다.

드릴
나무나 쇠판을 뚫는 도구로, 가루가 생기며 둥글게 구멍이 난다.

톱
나무 등을 자르는 도구로, 매끄럽게 잘리되 옅은 줄쿠늬가 생기며 톱밥이 날린다.

 총이 총알에 지문을 찍는다고? - 총기 발사흔

과학수사와 관련된 영화나 드라마를 보면 총을 사용한 사건을 조사하는 장면이 종종 나와요. 사건 현장에 남아 있는 총알의 흔적을 바탕으로, 총을 쏜 사람의 위치와 방향, 총의 종류와 쏜 횟수 등을 확인하지요.

우리나라는 총을 가지고 있는 것이 법으로 금지되어 있기 때문에 총에 의한 사건이 자주 일어나진 않아요. 다만 군인, 경찰, 해외에서 일어난 범죄에서 총기 사고가 아주 가끔 일어나지요.

총알에 남은 발사흔

총을 쏘면, 그 안에 있던 총알은 나사 모양 홈을 빠져나와 목표물을 향해 날아가요. 이때 나사 모양 홈 때문에 총알 겉에는 줄무늬가 생기는데, 이를 '발사흔'이라고 하지요. 총이 발사될 때 생기는 이 흔적은 총의 지문인 셈이에요.

발사흔은 총마다 다르게 나타나기 때문에 사건에 사용된 총을 찾아내는 데 큰 도움이 된답니다.

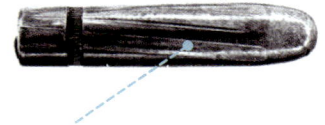

총알이 새겨진 발사흔

총을 쏜 사람의 위치를 알 수 있는 탄피

총알은 탄두와 탄피, 두 부분으로 이루어져 있어요. 탄두는 목표물을 향해 날아가는 부분이에요. 이 탄두를 밀어서 날아갈 수 있도록 도와주는 부분이 탄피랍니다.

탄피는 탄두를 밀어낸 뒤, 날아가지 못하고 총 주변에 떨어져요. 그래서 총을 쏜 사람의 위치를 알 수 있답니다.

탄피를 줍는 과학수사 대원

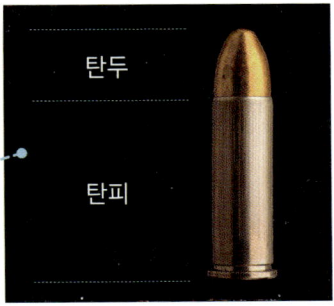

한눈에 쏙!

범인이 남긴 흔적

발자국과 타이어 자국
- 사람이 이동할 때는 발자국, 타이어 자국처럼 눌린 자국이 생김
- 똑같은 제품의 신발, 타이어라도 바닥의 닳은 모양이 다르므로 구별 가능
- 발자국을 통해 범인의 수, 이동 경로, 범인의 몸무게 등을 파악할 수 있음

스키드 마크
- 운전자가 빠르게 몰던 차를 세우기 위해 갑자기 브레이크를 밟은 경우 생김
- 도로와 타이어 사이가 세게 비벼지면서 뜨겁게 열이 나는데, 이때 고무가 살짝 녹아 자국이 남음

도구흔

- 드라이버, 칼, 망치 등의 도구로 충격을 주었을 때 생기는 흔적
- 범인이 범죄를 일으키려는 장소에 들어가기 위해, 또는 원하는 물건을 가져가기 위해 다양한 도구를 사용하다 도구흔을 남김
- 도구흔을 분석하면 범인이 사용한 범행 도구를 알아낼 수 있음

총기 발사흔

- 총알이 발사될 때 겉면에 생기는 줄무늬
- 사건 현장에 남은 총알의 흔적을 바탕으로 총을 쏜 사람의 위치와 방향, 총의 종류와 쏜 횟수 등을 확인
- 우리나라에서는 총을 가지고 있는 것이 법으로 금지되어 있어, 총기 사고가 상대적으로 적음
- 총알은 탄두와 탄피로 구성
  - 탄두 : 총으로 조준한 곳을 향해 날아감
  - 탄피 : 탄두를 밀어낸 뒤 총 주변에 떨어짐

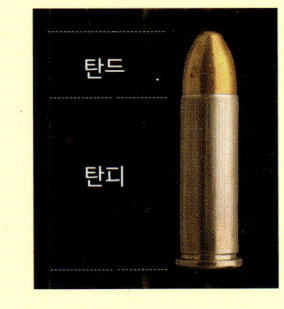

한 걸음 더!

사건 해결에 열쇠가 된 흔적

부딪힌 자동차의 높낮이

한 운전자가 교통사고를 냈어요. 이 운전자는 골목에서 갑자기 튀어나온 사람을 보지 못하고 사고를 낸 것이지요.

그러나 형사들은 운전자가 일부러 나쁜 의도를 가지고 사람을 쳤는지, 아니면 정말로 피할 수 없었던 상황에서 어쩔 수 없이 사고를 냈는지 확인할 수가 없었어요. 심지어 목격자도 없어서 수사가 더 어려웠지요.

이때 사건 해결의 실마리가 된 것이 바로 피해자 몸에 남은 상처의 위치였어요.

액셀러레이터를 밟아 속도를 높이면 차 앞부분이 위로 약간 떠요. 반대로 갑자기 브레이크를 밟으면 아래로 가라앉지요.

액셀러레이터를 밟아 속도를 올리면?

위로 뜸

브레이크를 밟아 급히 멈추면?

아래로 가라앉음

사고를 당한 피해자는 자동차 앞부분에 달린 범퍼의 높이보다 낮은 높이에 상처가 있었어요. 상처가 범퍼보다 낮은 곳에 난 것은 운전자가 브레이크를 밟았다는 것을 뜻해요. 즉, 운전자는 사고를 내지 않으려고 급하게 브레이크를 밟았다는 증거였지요.
따라서 운전자는 사람을 일부러 친 것이 아니라, 피할 수 없는 상황에서 어쩔 수 없이 사고를 낸 것으로 밝혀졌답니다.

항공기 추락 사건을 해결한 총기 흔적

1960년대 미국에서 항공기가 추락하는 사고가 났어요. 비행기는 샌프란시스코에서 출발하여 라스베이거스로 가던 중이었지요. 안타깝게도 비행기에 타고 있던 모든 사람이 죽어서 사고 당시 상황에 대해 알려 줄 증인이 없었기에, 사고의 원인을 밝히기 어려웠답니다.

그러던 중 사건을 조사하던 사람들이 비행기 내부에 나 있던 작은 구멍을 발견했어요. 게다가 조종사 주변에 떨어져 있던 금속에는 총알에서 나온 듯한 납 성분이 남아 있었지요.

이러한 흔적을 종합한 결과, 누군가 조종사를 총으로 살해하고 비행기를 추락시켰다는 사실이 밝혀졌답니다.

4화
거짓말이 보여요

심리 범죄자의 생각과 행동 분석

· 범인에 대해 꿰뚫어 보는 범죄심리학
· 몸의 변화를 찾는 거짓말 탐지기
· 이 문서는 진짜일까? 가짜일까?
· 기억은 범인을 알고 있다 - 법최면

한눈에 쏙 - 범죄자의 생각과 행동 분석
한 걸음 더 - 행동을 보면 마음이 보여요!

범인에 대해 꿰뚫어 보는 범죄심리학

　심리학은 사람의 행동과 마음을 연구하는 학문이에요. 그중 오직 범죄자에 대해 연구하는 분야가 있어요. 바로 범죄심리학이지요.

　최근 사회가 복잡해지면서 범죄의 종류와 방법도 다양해졌어요. 심지어 범죄자 중에는 특별한 이유 없이 나쁜 일을 저지른 사람도 있지요.

　범죄심리학은 점점 다양해지는 범죄자들의 정보를 수집하고 정리한 뒤, 그들의 행동이나 생각을 파악하여 수사에 도움을 주거나 범죄를 예방하는 학문이랍니다.

범죄심리학자와 프로파일러

범죄심리학자는 범죄자들의 행동과 심리 등을 분석하고 정리하여 연구하는 학자예요. 대부분의 시간을 연구 및 교육에 힘쓰지요. 때때로 나라에 큰 사건이 일어났을 경우에는 수사에 도움이 되는 정보나 전문적인 의견을 내놓아요.

프로파일러는 범죄심리학을 배운 뒤, 사건을 해결하기 위해 수사 팀과 함께하는 사람이에요. 사건과 관련된 여러 용의자와 단서를 분석하여 범인을 찾는 데 도움을 주지요.

프로파일러가 하는 일

범인의 특징 파악
사건 현장과 단서를 바탕으로 범인의 성격, 성별, 직업, 나이 등을 예측한다.

범인의 소재 파악
범인이 도망간 경로나 숨을 만한 곳을 예측한다.

자백 유도
범인을 잡은 뒤, 심리적으로 압박하는 질문을 던져 스스로 죄를 말하게 유도한다.

몸의 변화를 찾는 거짓말 탐지기

여러분도 거짓말을 해 본 적이 있나요? 그때 아마 거짓말한 걸 들킬까 봐 마음이 조마조마했을 거예요.

사람이 거짓말을 하면 들킬까 봐 걱정을 하게 돼요. 그런 걱정 때문에 마음 상태가 불안해지지요. 마음이 불안하면 여러 신경이 자극을 받아 몸에 크고 작은 변화가 일어나요.

거짓말했을 때 몸에 생기는 변화 중 가장 대표적인 것은 호흡, 맥박, 혈압의 변화예요. 호흡과 맥박이 평소보다 빨라지고, 혈압이 올라가지요. 때론 땀이 나기도 해요. 이러한 변화를 측정하는 장치가 바로 거짓말 탐지기랍니다.

거짓말 탐지기 결과는 증거가 될 수 없다?!

사람의 몸은 아주 작은 반응에도 쉽게 변하기 때문에 거짓말 탐지기의 결과를 무조건 믿을 수는 없어요.

거짓말 탐지기로 검사를 할 때 수사관이 어떻게 질문하는지, 그때의 분위기는 어땠는지, 대화 내용을 어떻게 분석하는지 등에 따라 결과가 달라질 수 있기 때문이지요. 따라서 거짓말 탐지기의 결과는 결정적인 증거가 될 순 없어요. 하지만 재판*할 때 참고하여 사건의 진실을 밝히는 데 도움을 준답니다.

범인이 스스로 죄를 고백할 수 있게 유도하는 질문을 던져 사건 해결에 도움을 주기도 해요.

★ **재판** 사건을 해결하기 위해 법원에서 죄의 있고 없음을 따지는 일

이 문서는 진짜일까? 가짜일까?

사건 중에는 문서와 관련된 사건이 종종 생겨요. 범인이나 피해자의 글씨가 담긴 종이를 발견하는 경우도 있고, 범인이 다른 사람을 속이기 위해 가짜 문서(위조문서)를 만들어 놓은 경우도 있지요.

문서 감정*이란 사건과 관련된 문서의 글자나 잉크, 도장의 모양, 종이의 상태, 서명 등을 분석하여 가짜로 만들어진 것인지, 누가 쓴 것인지 등을 알아내는 일이에요.

문서 감정의 결과는 사건의 증거가 되기도 하고, 사건을 해결하는 데 도움이 되기도 한답니다.

★ **감정** 사물의 특성이나 내용의 참과 거짓 등을 알아내는 것

누가 쓴 글씨인지 알아내는 필적 감정

친구들끼리 서로의 글씨체를 비교해 본 적 있나요? 어떤 친구는 다른 사람이 알아보기 쉽게 또박또박 쓰는 반면에, 어떤 친구는 자기만 알아볼 수 있는 구불구불한 모양으로 마구 갈겨쓰지요.

더 자세히 살펴보면, 글씨에는 각자의 필기 특징이 있다는 것을 알 수 있을 거예요.

이렇게 글씨체를 분석하여 두 문서의 작성자가 같은 사람인지, 다른 사람인지 등을 알아내는 일을 필적 감정이라고 해요. 필적 감정은 계약서, 유서*, 각서* 등과 관련한 사건에서 주로 사용하지요.

★ **유서** 죽음을 앞두고 주변 사람들에게 남길 말을 적은 글
★ **각서** 약속을 지키겠다는 내용을 적은 글

기억은 범인을 알고 있다 – 법최면

텔레비전에서 최면 거는 장면을 본 적 있나요? 최면에 걸린 사람은 의식이 없는 듯한 상태에서 과거에 있었던 일을 술술 이야기하지요. 이러한 최면 기술은 사건을 해결하는 데 사용하기도 하는데, 이를 법최면이라고 해요.

법최면은 주로 피해자나 목격자가 사건으로부터 큰 충격을 받아 당시 상황을 기억하지 못할 때 사용해요. 최면 상태에서의 행동과 되살린 기억은 사건을 수사하는 데 큰 도움이 되지요.

하지만 사실과 다르게 기억하는 부분이 있을지도 모르기 때문에 확실한 증거로 사용할 순 없답니다.

법최면을 할 때 기억의 정확성을 높이려면, 피해자나 목격자에게 현장 사진, 용의자의 얼굴, 증거품 등 사건에 대한 정보를 미리 알려 주면 안 돼요. 나중에 알게 된 정보가 원래 기억하고 있던 정보를 방해할 수 있기 때문이지요.

TIP 법최면으로 사건의 실마리를 얻은 1초 기억

2010년 7월에 있었던 사건이에요. 혼자 살던 회사원 A씨는 퇴근 후 집으로 돌아왔어요. 그런데 깜박하고 현관문을 잠그지 않아 강도가 뒤따라 들어오고 말았지요.
강도는 재빠르게 A씨의 얼굴을 때려 자신의 얼굴을 못 보게 했어요. A씨가 손으로 얼굴을 감싸며 쓰러지자, 강도는 집안에 있던 돈과 값비싼 물건을 챙겨 급히 떠났답니다.

놀란 A씨는 경찰을 불렀어요. 경찰은 A씨에게 강도의 생김새와 옷차림에 대해 물었지요. 하지만 A씨는 안타깝게도 '보았지만 기억이 나지 않는다'고 했어요.

이에 수사 팀은 A씨에게 법최면을 실시하기로 했어요. A씨는 법최면 방법을 통해 1초 동안 스치듯 본 강도의 얼굴을 기억해 냈지요.
그 결과, 수사 팀은 집 근처 CCTV에 찍힌 사람들의 모습과 A씨의 기억을 바탕으로 범인 검거에 성공했답니다.

한눈에 쏙!

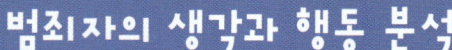
범죄자의 생각과 행동 분석

범죄심리학이란?
- 범죄자의 행동과 마음을 연구하는 학문
- 사회가 복잡해지면서 범죄의 종류와 방법이 다양해짐
- 점점 다양해지는 범죄자들의 정보를 수집하고 정리한 뒤, 그들의 행동이나 생각을 파악하여 수사를 돕거나 범죄를 예방

범죄심리학자
- 범죄자들의 행동과 심리를 분석하고 정리하여 연구하는 학자
- 나라에 큰 사건이 생긴 경우, 수사에 도움이 되는 정보나 전문적인 의견 제시

프로파일러
- 범죄심리학을 배운 뒤, 사건을 해결하기 위해 수사 팀과 함께하는 사람
- 사건과 관련된 용의자와 단서를 분석하여 범인 검거를 도움
  - 범인의 특징 및 있을 만한 곳 예측
  - 범인의 자백 유도

거짓말 탐지기

- 몸의 반응을 통해 말의 진실성을 확인하는 기계
- 거짓말을 하거나 마음이 불안하면 여러 신경이 자극받아 몸에 크고 작은 변화가 일어남
- 거짓말을 했을 때 몸의 변화
  ① 호흡과 맥박이 빨라진다. ② 혈압이 올라간다. ③ 땀이 난다.
- 수사관의 질문 방법, 분위기, 대화 내용 분석에 따라 결과가 다를 수 있으므로, 수사에 참고만 함 → 증거로 인정되지 않음

문서 감정

- 사건 관련 문서를 조사하여 진짜인지 가짜인지, 누가 쓴 문서인지 확인하는 일
- 종이에 쓰인 글자나 잉크, 도장, 종이 상태, 서명 등을 분석
- 필적 감정 : 글씨체를 분석하여 두 문서의 작성자가 같은 사람인지 확인하는 일
- 계약서, 유서, 각서 등과 관련된 사건에서 주로 사용

법최면

- 주로 피해자나 목격자가 큰 충격을 받아 당시 상황을 기억하지 못할 때 사용
- 사실과 다르게 기억하는 부분이 있을지도 모르기 때문에 증거로 사용되지 않음
- 기억의 정확성을 높이기 위해 피해자나 목격자에게 사건과 관련된 정보를 미리 알려 주지 않음

한 걸음 더!

행동을 보면 마음이 보여요!

거짓말 탐지기는 사람이 어떤 말을 들었을 때 몸에 나타나는 변화를 읽어 내는 장치예요. 하지만 사람들은 거짓말 탐지기를 사용하지 않아도 상대방의 기분이나 상태를 느낄 때가 있어요. 사람의 행동이나 표정에서 다양한 정보를 얻을 수 있기 때문이지요.
신체 부위 중 이를 잘 드러내는 대표적인 부위는 눈, 손, 다리예요.

눈

보통 사람들은 강한 빛이나 마음에 안 드는 것을 차단하기 위해 눈을 가늘게 떠요. 또 화나거나 싫어하는 소리를 들어도 실눈을 뜨지요.
불안할 때는 눈동자가 많이 흔들리기도 해요. 때로는 눈을 손으로 가리기도 하는데, 이는 본 것이나 들은 것이 불편할 때 나오는 행동이랍니다.

손

불안하거나 긴장했을 때 하는 행동 중 가장 흔한 행동은 손톱을 물어뜯는 거예요. 또한 얼굴을 자꾸 만지거나, 손가락으로 책상이나 다리를 두드리는 것도 불안하다는 뜻이에요.
수사할 때 용의자가 양손에 깍지를 끼고 있다면 스트레스를 받거나 걱정하고 있다는 뜻이에요.

다리

발가락을 안쪽으로 향하게 두거나 발목을 교차하는 행동은 불안하다는 신호예요. 다리를 떠는 것도 불안할 때 나오는 행동인데, 지루할 때도 떤답니다.

심리학자들은 사람의 행동에 대해 오랫동안 연구하여, 심리 상태에 따라 나타나는 다양한 행동 변화를 알아냈어요. 이는 범죄 수사에서 용의자나 범인들을 관찰할 때 큰 도움이 되지요.
물론 때와 장소에 따라서는 다른 사람을 완벽하게 속이거나 심리 상태와 반대되는 행동을 하는 사람들도 있지요. 하지만 대부분 사람들은 자신의 마음을 표현하는 행동을 무의식적으로 해요. 따라서 사람의 행동을 관찰하는 것은 수사에 아주 중요하답니다.

영상과 그림으로 기록하는 얼굴

 범인 얼굴 그리기

- 공룡은 모두 상상이다? – 복원
- 말 없는 목격자 – CCTV
- 증언으로 만든 얼굴 – 몽타주
- 컴퓨터로 다시 만드는 얼굴 – 안면 복원

한눈에 쏙 – 범인 얼굴 그리기
한 걸음 더 – 나이 변환 기능을 이용한 3차원 몽타주

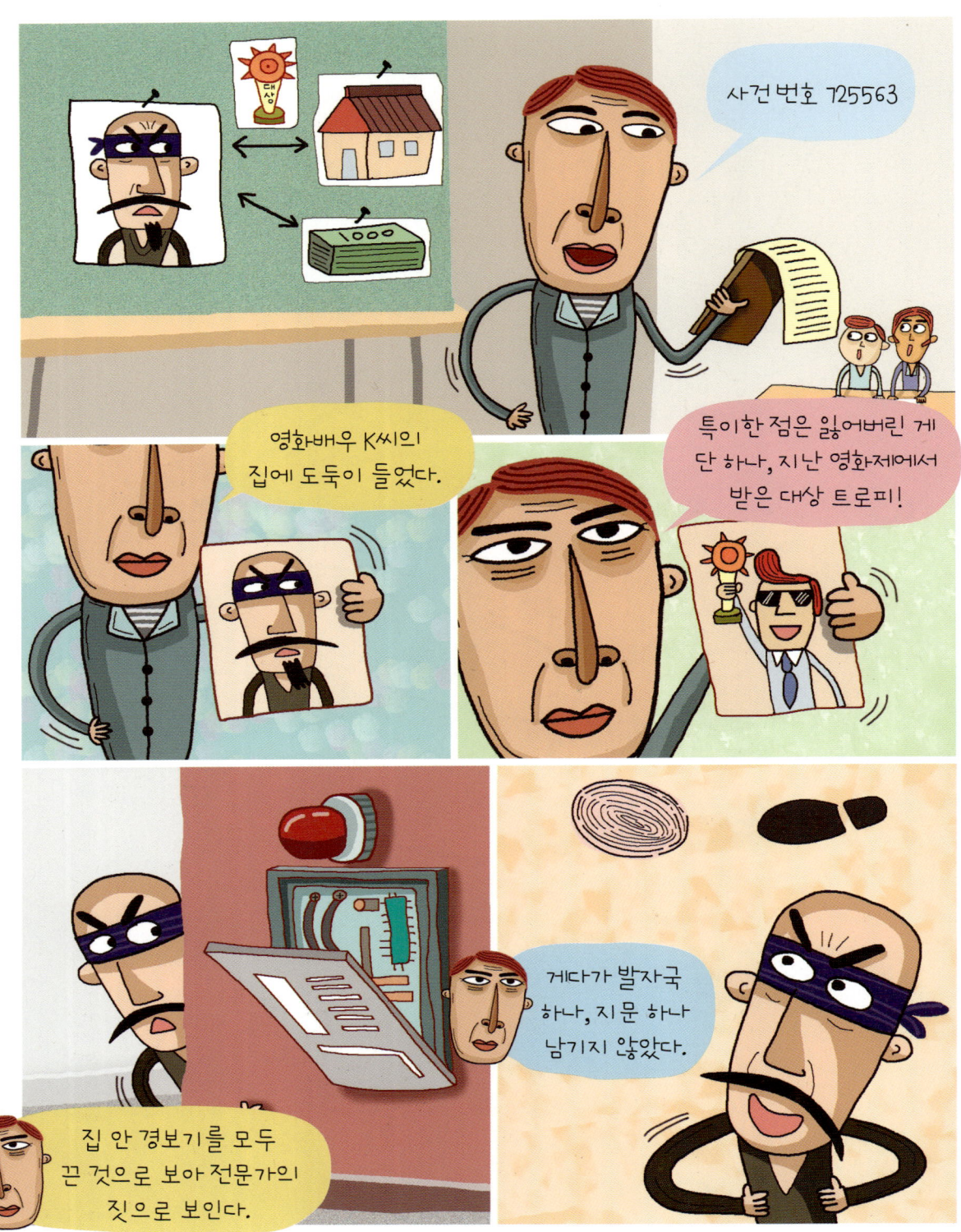

 공룡은 모두 상상이다? - 복원

머릿속으로 공룡을 떠올려 봐요. 거대한 몸집에 무시무시하게 생긴 얼굴, 날카로운 이빨, 정말 오싹하지요?

우리는 다양한 종류의 공룡을 알고 있어요. 하지만 살아 있는 공룡을 직접 본 사람은 이 세상에 아무도 없지요. 공룡은 이 땅에 사람이 살기 훨씬 전에 사라졌기 때문이에요.

그럼 사람들은 어떻게 공룡의 모습을 알아냈을까요? 바로 공룡의 뼈와 화석 등을 통해 크기와 형태를 추측해 냈지요. 하지만 화석이 공룡의 피부색까지 알려 주지는 못해요. 티라노사우루스가 흰색이었는지, 빨간색이었는지 알 수 없다는 얘기지요.

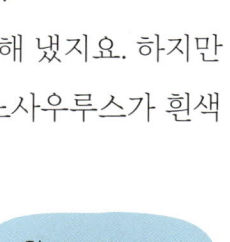

뼈밖에 없는 날 알아보다니……

제가 상상한 공룡 그림인데 어때요?

달마티안 무늬 공룡이라니 상상력이 풍부하구나.

이처럼 지금은 볼 수 없거나 모습이 훼손된 것 등을 원래의 모습으로 만드는 작업을 '복원'이라고 해요.

사건을 수사하는 과정에도 복원이 필요해요. 사건이 일어난 뒤 남아 있는 흔적, 즉 증거물과 목격자의 이야기를 통해 사건이 어떻게 이뤄졌는지 재구성해 보는 것이지요. 이러한 복원을 통해 사건의 방향을 잡고, 용의자의 폭을 좁히며 범인을 잡는답니다.

사건을 재구성할 때 예술 분야를 활용하면 사건 해결에 도움이 돼요. 대부분 사진과 그림을 이용하는 방법이지요.

사진을 찍어서 분석하는 방법이 가장 많이 쓰이고, 목격자들의 진술에 따라서 범인의 얼굴을 그리는 몽타주 기술도 종종 사용해요.

또 컴퓨터 그래픽을 이용해서 오래된 사람의 머리뼈만 가지고도 얼굴을 되살려 보는 안면 복원 기술도 있답니다.

말 없는 목격자 – CCTV

텔레비전 영상은 전국에 전달되어 누구나 쉽게 볼 수 있어요. 하지만 CCTV(Closed Circuit Television : 폐쇄 회로 텔레비전)는 정해진 사람에게만 영상을 전달하는 매체예요. 주로 특정 장소를 확인하기 위해 감시용으로 설치해 놓고 실시간으로 녹화하지요.

CCTV는 엘리베이터나 특정 건물 안, 집 주변, 도로 등에 설치해요. 사람이 적게 오가는 으슥한 곳에 설치하면 범죄가 일어나는 것을 예방하는 효과도 있답니다.

사건이 일어난 장소 주변에 있는 CCTV를 조사하면 사건의 실마리를 풀거나 용의자를 찾아내는 데 도움이 돼요.

우리 주변에 설치된 CCTV

건물 안

주차장

도로

지하철

공원

범죄 예방을 위해 설치한 CCTV는 길 곳곳에서 쉽게 찾아볼 수 있단다.

증언으로 만든 얼굴 – 몽타주

　몽타주는 범인을 눈으로 본 사람들, 즉 피해자나 목격자의 진술을 바탕으로 성별, 나이, 얼굴형, 눈, 코, 입 모양 등을 하나씩 맞춰서 범인의 얼굴을 그린 그림이에요.

　옛날에는 미술가가 연필로 몽타주를 그렸어요. 하지만 요즘에는 컴퓨터 그래픽을 이용해서 하나씩 얼굴을 완성해 가는 방식을 사용하고 있지요.

　몽타주는 주로 공개 수배*를 할 때 범인에게 심리적 압박을 줘서 범인이 자수*를 하게끔 유도하거나 수사망을 좁히는 데 큰 도움을 줘요. 또 사건 현장 주변을 직접 돌며 탐문 조사를 할 때도 사용할 수 있지요.

★ **공개 수배** 범인을 잡기 위해 사건을 널리 공개하여 수사망을 펴는 것
★ **자수** 범인이 스스로 수사 기관에 자신의 죄를 신고하는 것

몽타주는 목격자의 진술로 그린 그림이기 때문에 용의자를 찾고, 범인의 모습을 확인하는 데 도움이 돼요. 죽은 사람이 누구인지 알아내는 데에도 사용하지요.

특히 CCTV나 DNA 등의 단서가 없을 때 도움이 돼요.

하지만 사람의 말을 듣고 그린 그림이기 때문에 정확하지 않을 수 있어요. 그러므로 실제 얼굴과 차이가 날 수 있다는 점을 주의해야 해요.

특징을 잘 살린 몽타주 덕분에 범인을 잡았어!

범인을 잡는 데 도움을 준 몽타주

TIP

얼마 전부터 범인이 여자 혼자 운영하는 찻집만 골라 다니며 돈과 물품을 훔치는 사건이 연이어 일어났어요.

수사 팀은 찻집 주인들의 증언을 바탕으로 몽타주를 만들었어요. 그리고 여러 찻집에 몽타주를 나눠 주었지요.

얼마 뒤, 범인은 또다시 도둑질을 하기 위해 새로운 찻집에 갔어요. 경찰이 배포한 몽타주를 통해 이미 범인의 얼굴을 알고 있던 그 찻집 주인은 재빨리 경찰에 신고하여 범인을 잡을 수 있었답니다.

날 어떻게 알고 잡았지?

꼼짝 마!

 ## 컴퓨터로 다시 만드는 얼굴 – 안면 복원

어느 날, 누구인지 알 수 없는 백골*이 발견되었다면? 이럴 때 사용하는 수사 방법 중 하나가 안면(얼굴) 복원이에요. 머리뼈를 바탕으로 원래의 얼굴을 추측해 보는 것이지요.

과거에는 머리뼈에 작은 찰흙으로 근육과 피부를 만들어 붙여 얼굴을 복원했어요. 이 작업은 주로 머리뼈를 연구하는 법인류학자나 미술가가 했지요. 하지만 지금은 컴퓨터 프로그램을 통해 얼굴을 복원하는 기술이 발달했답니다.

앞으로 과학 기술이 계속해서 발달하면 더 쉽고 간단한 방법으로 안면을 복원할 수 있는 기술이 개발될 거예요.

★ **백골** 죽은 사람의 몸이 썩고 남은 뼈

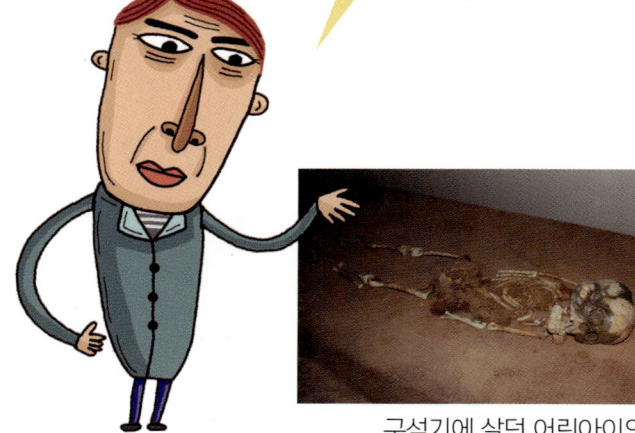

구석기에 살던 어린아이의 뼈

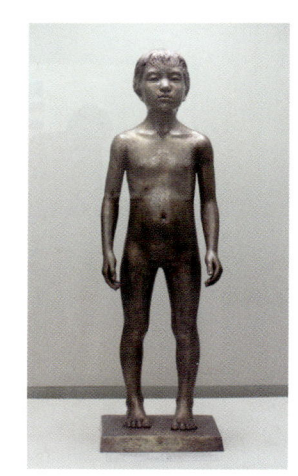

복원한 모습

3차원 이미지 스캐닝 방법

3차원 이미지 스캐닝

❶ 발견한 머리뼈를 컴퓨터로 촬영하여 3차원 머리뼈 모델 만듦

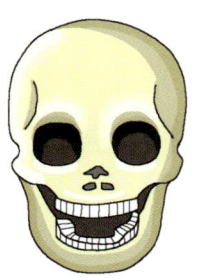

❷ 얼굴 피부 두께 자료를 반영하여, 피부 두께 표시

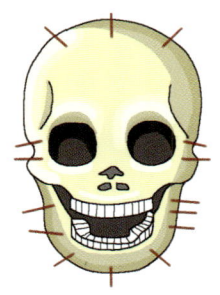

❸ 얼굴에 있는 근육 표현

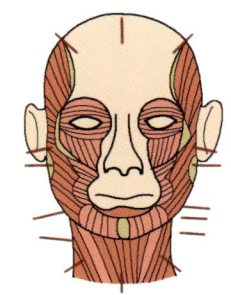

❹ 얼굴 전체 윤곽 파악

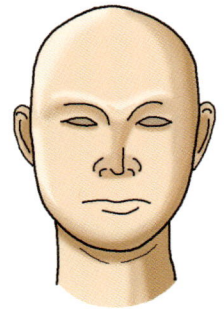

❺ 3차원으로 재현 완료

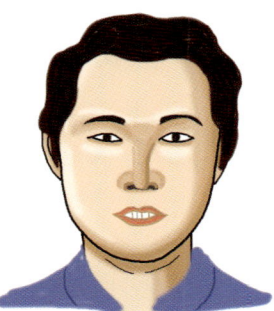

이 방법으로 복원한 얼굴을 전국적으로 알려서 누구인지 알아본단다.

한눈에 쏙!

범인 얼굴 그리기

복원
- 지금은 볼 수 없거나 모습이 훼손된 것을 원래의 모습으로 만드는 것
- 사건의 복원 : 사건이 일어난 뒤 남아 있는 흔적, 증거물, 목격자의 이야기를 통해 어떤 사건이었는지 재구성하는 것
- 사진 및 몽타주 기술 활용

CCTV
- 정해진 사람에게만 영상을 전달하는 폐쇄 회로 텔레비전
- 설치 목적
  - 공공장소에 설치하여 실시간 확인 및 감시
  - 사람이 적게 오가는 곳에 설치하여 범죄 예방
- CCTV가 설치된 곳 : 도로, 주차장, 지하철, 공원, 엘리베이터 등 공공장소나 이동 수단 주변

몽타주

- 피해자나 목격자의 진술을 바탕으로 범인의 얼굴을 그린 것
  - 과거 : 미술가가 연필로 그림
  - 현대 : 컴퓨터 그래픽을 이용하여 그림
- 그리는 목적
  - 공개 수배를 할 때 범인에게 압박을 줘서 자수하도록 유도
  - 죽은 사람이 누구인지 모르는 경우, 신원을 알아낼 때 사용

안면 복원

- 머리뼈를 바탕으로 원래의 얼굴을 추측해 보는 것
  - 과거 : 머리뼈에 찰흙으로 근육과 피부를 만들어 붙여 복원
  - 현대 : 머리뼈를 스캔하여 컴퓨터 프로그램을 통해 복원

한 걸음 더!

나이 변환 기능을 이용한 3차원 몽타주

몽타주는 사건에 관계된 사람들의 이야기를 통해 그린 범인 또는 실종자의 얼굴이에요. 하지만 시간이 오래 지나면 사람의 몸은 나이를 먹어 변하므로, 처음에 그린 몽타주와는 많이 달라지지요. 그러므로 옛날 몽타주도 시간의 흐름에 맞게 변화를 줘야 한답니다.

인공지능 몽타주 프로그램 폴리스케치

폴리스케치는 우리나라 경찰청에서 사용하는 몽타주 프로그램이에요. 경찰을 뜻하는 폴리스(Police)와 간단하게 그린 그림을 뜻하는 스케치(Sketch)를 합친 말이지요.

이 프로그램은 한국인의 얼굴 데이터베이스로 3차원 몽타주를 그려요. 인공지능 기능을 갖추고 있어서 감정 변화에 따른 표정, 인상, 각도에 따른 얼굴 변화도 가능하답니다.

또한 나이 변환 기능이 있어, 시간의 흐름에 따라 달라지는 얼굴의 특징을 예측하여 그려 내요. 과거 어린 시절 사진을 이용하여 최대 100세까지 나이를 조절할 수 있지요. 그러므로 장기 실종자를 찾는 데 큰 도움이 돼요.

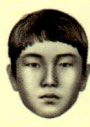     

7세　　20세　　30세　　45세　　60세　　76세
　　　(현재 얼굴)

©KIST

나이를 반영한 얼굴 변화

폴리스케치로 찾는 장기 실종자

2016년 5월, 나이 변환 기술을 이용하여 실종된 가족을 찾은 첫 사례가 있었어요. 경찰은 폴리스케치 프로그램을 이용하여 얼굴 변화 과정을 예측하고, 전단지를 만들어 장기 실종자를 다시 찾기 시작했지요. 덕분에 어린 시절에 실종되었던 아이가 무려 38년 만에 가족의 품으로 돌아왔답니다.

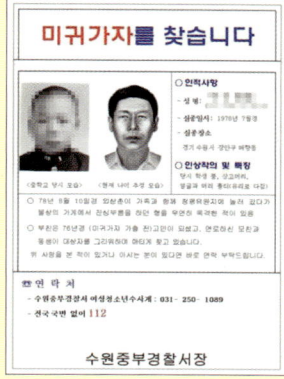

실종된 13살 당시 얼굴(왼쪽)과
폴리스케치로 예상한 50살 현재 얼굴(오른쪽)

폴리스케치는 오래전에 가족을 잃은 사람들에게 큰 도움이 될 거야!

6화
수사를 위해 모인 사람들

 과학수사 관련 **직업**

- 발로 뛰며 범인을 잡는 경찰
- 과학으로 진실을 밝히는 국립과학수사연구원(NFS)
- 우리나라의 CSI 과학수사관리관(KCSI)
- 범인을 분석하고 사건을 재구성하는 프로파일러

한눈에 쏙 - 과학수사 관련 직업
한 걸음 더 - 인물로 보는 과학수사

발로 뛰며 범인을 잡는 경찰

경찰 공무원은 국민의 안전과 재산을 보호하는 고마운 분들이에요. 마을 곳곳을 살피며 범죄를 예방하고 사회 질서를 지켜 주지요. 도로에서 자동차나 사람들이 이동할 때 질서를 정리하는 등 교통안전의 업무도 해요. 사건이 접수되면 문제를 해결하기 위해 애쓰기도 하지요.

경찰 공무원이 되려면?

경찰이 되려면 경찰 공무원 시험에 합격해야 해요. 시험은 지역별로 일 년에 서너 번 정도 실시하지요. 필기시험에서는 한국사, 영어, 경찰학 등의 지식을 평가한답니다.

신체·체력·적성 검사도 중요해요. 경찰은 온종일 순찰을 돌거나 갑작스럽게 범인을 쫓는 일이 생길 수 있어요. 또 위험한 상황에 놓일 수도 있지요. 따라서 경찰이 되려면 튼튼한 체력과 재빠른 순발력, 현명한 문제 해결력 등을 갖추고 있어야 해요.

경찰 공무원 시험 중 체력 시험

경찰에게 꼭 필요한 능력을 길러 주는 학교인 경찰 대학이나 일반 대학교에 있는 경찰학과를 졸업하면 경찰이 될 수 있는 길이 좀 더 넓어진답니다.

경찰 공무원은 어디서 일할까?

경찰 업무를 담당하는 단체 중 가장 높은 기관은 경찰청이에요. 그 밑으로 17개의 각 지방 경찰청이 있지요. 지방 경찰청 밑으로 각 지역 시, 군, 구 단위의 경찰서가 있어요.

각 경찰서는 담당하는 지역을 좀 더 작게 나누고 지구대, 파출소 등을 운영하여 주민의 안전을 가까이서 지키고 있답니다.

경찰청
가장 큰 경찰 기관으로 광역 단체마다 지방 경찰청 설치

경찰서
시나 군, 구에 각각 경찰서 설치

지구대
3개 동 이상에 하나씩 설치하며, 경찰관이 약 40~60명 정도 근무

파출소
2개 동 이하에 설치하며, 경찰관이 약 20~30명 정도 근무

TIP

치안센터

치안센터는 지역 주민의 안전 관련 의견을 듣거나 간단한 요구 사항 등을 처리하는 곳이에요. 일반 파출소와 다른 점은, 경찰들이 하루 종일 머무르지 않는다는 거예요. 운영 시간과 근무 인원이 상황에 따라 다른 점을 기억하세요.

과학으로 진실을 밝히는 국립과학수사연구원(NFS)

국립과학수사연구원(국과수)은 사건의 흔적을 바탕으로 의학, 화학, 공학 등의 분야에서 수사의 해결을 돕는 기관이에요. 크게 중앙법의학센터, 법생화학부, 법공학부로 구성되어 있어요.

중앙법의학센터

보통의 의사는 환자의 몸을 검사하여 병을 알아내고 치료하는 사람이지요? 하지만 중앙법의학센터에서 일하는 의사, 즉 법의관은 사건·사고로 죽은 사람들의 몸을 조사하여 어떤 과정을 통해 죽었는지 밝혀내는 일을 해요. 이 일은 용의자에 의해 죽었는지, 범인에게 얼마만큼의 죄가 있는지 등 처벌에 대한 기준이 되기 때문에 정확하고 자세하게 살펴봐야 하지요.

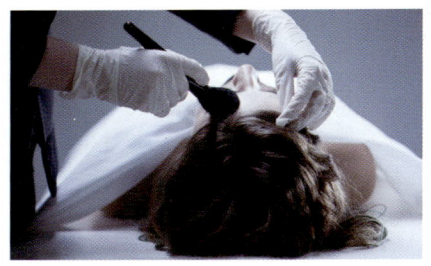

법생화학부

사람의 몸에서 나온 물질이나 화학 물질과 관련된 증거물을 다루는 곳이에요. 주로 DNA, 피, 머리카락, 독극물 등을 검사하고 범인의 신원이나 독성이 있는 물질을 밝혀내지요.

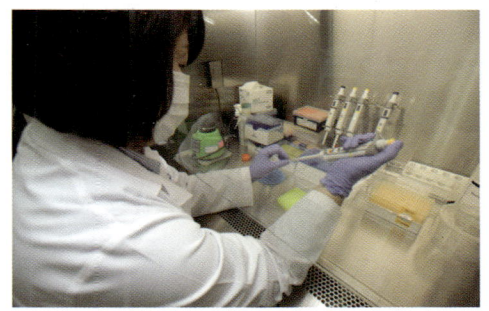
DNA를 분류 중인 연구원

법공학부

물리적, 공학적 지식을 바탕으로 단서를 분석하는 부서예요. 교통사고, 화재, 전기 및 가스 사고, 건물 붕괴 사고 등 주로 안전과 관련한 사고를 다루지요.

버스 화재 사건을 감식하는 연구원들

TIP
국립과학수사연구원에 들어가려면?

대학교에서 의학, 생물학, 유전공학, 화학 등 과학수사와 관련된 학과를 전공한 뒤 업무에 따라 대학원에서 석사 이상의 과정을 마쳐야 해요. 업무에 관련된 자격증이나 경력이 있으면 연구소에 들어가는 데 도움이 된답니다.

우리나라의 CSI 과학수사관리관(KCSI)

우리나라에는 앞에서 살펴본 국립과학수사연구원 이외에도 과학수사를 이용하여 범인을 찾는 곳이 또 있어요. 바로 경찰청에 있는 과학수사관리관이에요.

국립과학수사연구원 VS 경찰청 과학수사관리관

국립과학수사연구원은 증거를 수집하고 분석하여 그 결과를 경찰에게 알리지만, 직접 범죄 수사를 하진 않아요. 이와 달리, 과학수사관리관은 과학수사도 하고, 형사들과 범죄 수사도 하지요.

그렇다면 왜 과학수사를 하는 곳이 두 기관으로 나뉜 걸까요? 그 이유는 다루는 증거의 종류가 다르기 때문이에요.

경찰청 과학수사관리관에서는 지문·발자국 검색, 몽타주 작성, CCTV 분석, 프로파일링 등 형사들의 수사와 가까운 영역을 담당해요.

TIP

과학수사관리관에 들어가려면?

먼저 경찰 공무원 시험에 합격한 후 경찰로 일하며 경력을 쌓아야 해요. 그 후 과학수사 전문가를 길러 내는 과정에 지원하여 합격해야 하지요. 과학수사와 관련된 학문을 전공하면 더 많은 기회를 얻을 수 있답니다.

지문 분석 중인 경찰청 지문감정관

과학수사관리관에서 사용하는 과학수사 시스템

지문 자동 검색 시스템

모든 국민의 지문을 모아 저장·관리하여 현장에서 얻은 지문과 비교해 신원을 확인하는 프로그램

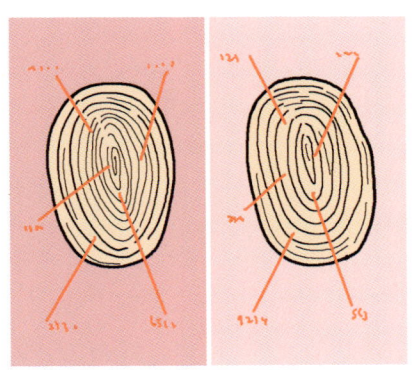

몽타주 시스템

얼굴, 눈, 코, 입, 수염, 머리 모양 등을 전산화하여 몽타주를 만드는 프로그램

CCTV 판독 시스템

공공시설, 금융 기관 등의 CCTV에 녹화된 영상을 살펴보는 프로그램

족·윤적 시스템

국내외에서 생산되는 신발(족적)과 타이어 무늬(윤적)를 전산화하여 현장에서 얻은 흔적과 비교하는 프로그램

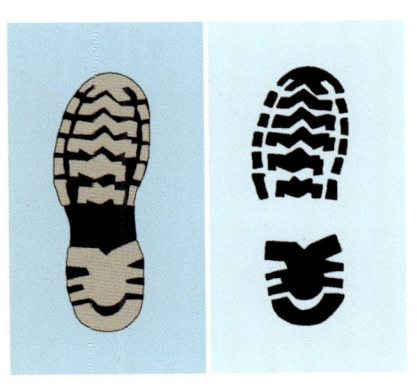

범인을 분석하고 사건을 재구성하는 프로파일러

사회가 발전하면서 범죄의 수단과 방법도 다양하고 복잡해지고 있어요. 이에 따라 일반 수사만으로는 해결하기 어려운 강력 범죄도 늘고 있지요. 우리나라는 강력 범죄 사건의 해결을 돕기 위해 2000년에 처음으로 경찰청 소속의 범죄행동분석팀을 만들었어요. 이 팀에서 프로파일링하는 과학수사 대원들이 바로 프로파일러예요.

프로파일러는 아무나 될 수 없다!

영화나 드라마를 보면, 프로파일러가 마치 초능력이라도 가진 것처럼 멋지게 보일 때가 있어요. 하지만 실제로는 매우 어렵고 힘든 직업이에요. 프로파일러는 사건과 범인을 정확하게 분석하여 용의자의 범위를 좁히고 사건 해결에 도움을 주는 사람들이에요. 따라서 수사에 도움이 되는 다양한 지식과 능력이 필요하지요.

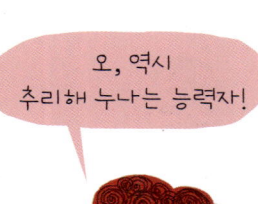

우선 심리학, 기초과학, 의학 등 다양한 분야의 지식이 있어야 해요. 그냥 상상만으로 사건을 추리하면 잘못될 확률이 높기 때문이지요.

또한 사건을 꼼꼼하게 살펴보는 관찰력, 범인의 심리와 사건을 정확하게 꿰뚫어 보는 추리력과 논리력 등이 필요해요. 진실을 밝히기 위한 끈기 있는 자세도 필요하답니다.

T!P 프로파일러가 되려면?

우리나라 대학에는 범죄심리학만을 전공하는 학과가 없어요. 우선 대학에서 심리학, 사회학 등을 전공한 뒤, 대학원에서 범죄심리학을 배우지요. 그 후 경찰청에서 수시로 보는 채용 시험에 합격해야 해요.

강력 범죄를 다루는 것은 매우 어렵고 중요한 일이기 대문에 합격 후 바로 수사에 참여하진 못해요. 일정 기간 동안 특수 교육과 훈련을 받은 후에야 사건에 도움이 되는 진정한 프로파일러가 될 수 있답니다.

프로파일러는 잘못된 판단을 내리지 않도록 항상 조심해야 해. 나의 잘못된 말 한마디가 수사 방향을 엉뚱한 곳으로 이끌지도 모르니까.

한눈에 쏙!

과학수사 관련 직업

경찰

- 국민의 안전과 재산을 보호하는 공무원
- 마을 곳곳을 살피며 범죄를 예방하고 사회 질서를 지킴
- 사건이 접수되면 문제를 해결하기 위해 힘씀
- 경찰이 되려면?
  - 한국사, 영어, 경찰학 등의 필기시험 및 신체, 체력, 적성 검사에 합격해야 함
- 경찰 대학이나 경찰학과에 진학하면 경찰이 되는 데 도움이 됨
- 경찰 업무를 담당하는 기관
  - 경찰청, 지방 경찰청, 경찰서, 지구대, 파출소 (규모순)

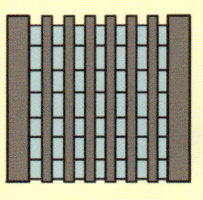 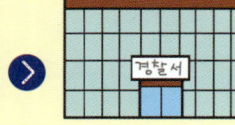  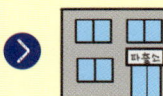

경찰청 → 경찰서 → 지구대 → 파출소

국립과학수사연구원
- 사건과 관련된 증거물을 과학적으로 분석하는 기관
- 증거물 종류에 따라 크게 중앙법의학센터, 법생화학부, 법공학부로 나뉨
- 중앙법의학센터 : 법의관이 죽은 사람의 몸을 조사하여 죽음의 원인과 시간 등을 알아내는 곳
- 법생화학부 : DNA, 혈액 같은 사람의 몸에서 나온 물질이나 독극물 같은 화학물질을 다루는 곳
- 법공학부 : 교통사고, 화재, 건물 붕괴 등 안전과 관련한 사고를 다루는 곳

과학수사관리관
- 경찰청 소속으로, 과학수사와 범죄 수사를 모두 하는 부서
- 지문·발자국 검색, 몽타주 작성, CCTV 분석, 프로파일링 등 담당
- 국립과학수사연구원과 다루는 증거의 종류가 다름

프로파일러
- 경찰청 범죄행동분석팀의 과학수사 대원
- 사건과 범인을 분석하여 용의자의 범위를 좁히고 사건 해결에 도움을 줌
- 심리학, 기초과학, 의학 등 다양한 분야의 지식뿐만 아니라, 관찰력, 추리력, 논리력, 끈기 등의 능력이 필요함

한 걸음 더!

인물로 보는 과학수사

명탐정 셜록 홈스

과학수사와 관련된 사람 중, 역사상 가장 유명한 사람을 꼽으라면 아마 셜록 홈스가 첫 번째일 거예요. 셜록은 1880년대 후반 영국의 소설가 코난 도일이 만든 소설 속 주인공이지요.

셜록은 영국의 탐정으로, 뛰어난 추리력과 과학 지식을 바탕으로 범인을 잡아요. 셜록이 소설 속에서 활약하던 1880년대에서 1900년대 초는 과학수사의 기초가 시작되는 때이기도 했답니다.

소설의 무대가 된 런던의 베이커 가에 있는 셜록 홈스 동상과 박물관

셜록 홈스 이야기는 지금도 많은 사람에게 사랑받고 있어!

지문을 연구한 학자

영국의 외과 의사 헨리 폴즈는 1880년에 지문에 대한 논문을 최초로 발표했어요. 이 논문은 지문의 중요성을 맨 처음 주장했다는 점에서 큰 의의가 있지요. 영국의 유전학자 프랜시스 골턴은 1892년에 《핑거프린트》라는 책을 출판하여, 사람마다 지문이 다르다는 것을 세상에 널리 알렸답니다. 그리고 그해에 실제로 아르헨티나 경찰이 지문의 특성을 이용하여 범인을 잡기도 했지요.

프랜시스 골턴

혈액을 연구한 학자

1900년대에 오스트리아의 카를 란트슈타이너가 ABO식 혈액형을 발견하면서 과학수사의 발전을 앞당겼어요.

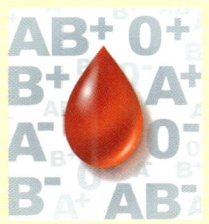

DNA를 연구한 학자

1953년, 제임스 왓슨과 프랜시스 크릭이 DNA의 이중 나선 구조를 발견하면서 과학수사는 더욱 눈부시게 발전했어요. 현재는 그동안 꾸준히 쌓인 데이터와 증거를 분석하는 수많은 기술이 개발되어 다양한 과학수사 기술이 발달했답니다.

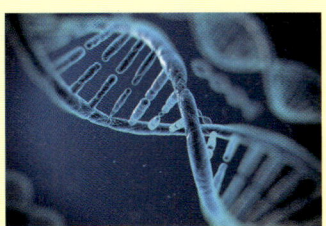

DNA의 이중 나선 구조

1화 사건 발생부터 범인 검거까지

1 사건·사고가 일어나면 안전 신고는 119, 범죄 신고는 112에 전화를 해요. 다음 상황을 보고 어떤 번호에 신고를 해야 하는지 써 보세요.

① 친구가 공원에서 놀다 넘어져서 다리를 크게 다쳤어요. (　　　)

② 앞에 가던 아저씨가 계단에서 굴러서 머리에 피가 나요! (　　　)

③ 집에 도둑이 들었어요! (　　　)

④ 밤사이에 누가 내 차를 다 부숴 놨어요. (　　　)

2 다음 단어와 뜻을 알맞게 짝지어 보세요.

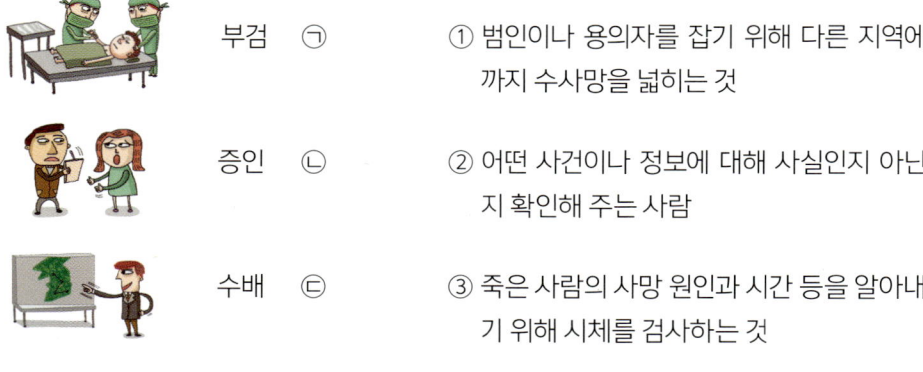

부검　㉠　　① 범인이나 용의자를 잡기 위해 다른 지역에까지 수사망을 넓히는 것

증인　㉡　　② 어떤 사건이나 정보에 대해 사실인지 아닌지 확인해 주는 사람

수배　㉢　　③ 죽은 사람의 사망 원인과 시간 등을 알아내기 위해 시체를 검사하는 것

과학수사　㉣　　④ 과학적인 방법을 이용하여 수사를 하는 것

3 경찰이 범죄 사건을 수사할 때는 사건 장소에 아무나 들어오지 못하도록 막아야 해요. 경찰이 질서유지선을 설치하여 출입을 통제하는 이유는 무엇일까요? 　서술형 문항 대비 ✔

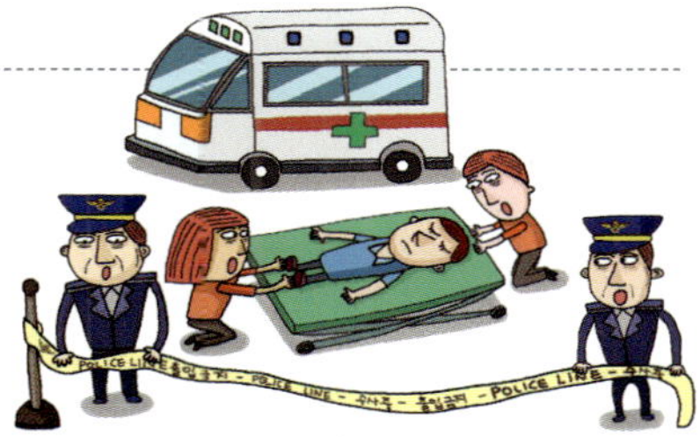

------

4 다음 중 형사가 하는 일이 아닌 것을 모두 고르세요.

① 범인을 잡는 일

② 시체를 부검하여 죽은 원인을 밝혀내는 일

③ 목격자와 주변 사람들을 만나 사건 정보를 모으는 일

④ 사건 현장에서 지문을 채취하는 일

2화 개인 정보로 가득한 사람의 몸

1 다음은 지문에 대한 설명이에요. <보기>에 있는 단어를 골라 빈칸에 알맞게 써넣으세요.

> 지문은 (　　　) 끝에 있는 (　　　) 입구가 튀어나와 만들어진 (　　　)를 뜻하는 단어예요. 지문 사이로 나오는 땀과 기름은 물체에 닿았을 때 흔적을 남기는데, 이 흔적도 지문이라고 해요.

보기
　　　머리　무늬　손목　땀샘　손가락　손톱

2 다음 중 혈흔에 대한 설명으로 틀린 것을 고르세요.

① 혈흔은 피의 흔적을 뜻한다.
② 혈흔은 지문처럼 사람마다 다르므로, 피만 있으면 누구인지 확인할 수 있다.
③ 루미놀은 혈흔을 찾을 때 사용하는 대표적인 약품이다.
④ 혈흔 모양을 분석하면 피가 떨어진 위치, 날아간 속도 등을 예측할 수 있다.

3 다음 중 DNA를 발견할 수 없는 것을 고르세요.

① 먹다 버린 사과
② 상처로 인해 흘린 피
③ 입으려고 산 새 옷
④ 머리카락

4 다음 괄호 안에 들어갈 말로 알맞은 것을 고르세요.

(㉠)는 사람마다 입안, 성대, 혀, 입술 등 (㉡)의 구조가 다르기 때문에 다 달라요.
치흔은 (㉢)의 흔적이에요. 이것은 발견된 시체가 누구인지 모를 때, 그 사람의 (㉣)을 확인하는 데 도움이 된답니다.

① ㉠ 말소리 ㉡ 신체   ㉢ 치아 ㉣ 생년월일
② ㉠ 말소리 ㉡ 얼굴   ㉢ 혈흔 ㉣ 생년월일
③ ㉠ 목소리 ㉡ 발음 기관 ㉢ 치아 ㉣ 신원
④ ㉠ 목소리 ㉡ 소화 기관 ㉢ 혈흔 ㉣ 신원

3화 모든 접촉은 흔적을 남긴다

1 발자국과 타이어 자국에 대한 설명 중 틀린 것을 고르세요.

① 발자국을 분석하면 사건 현장에 몇 명의 사람이 있었는지, 어느 방향으로 이동했는지 등을 알 수 있다.
② 같은 회사의 신발, 타이어라도 닳아 있는 부분이 다르므로 구별해 낼 수 있다.
③ 모든 사람의 보폭은 같기 때문에 발자국 사이 간격은 중요하지 않다.
④ 발자국은 범인이 다녀갔다는 증거가 될 수 있다.

2 다음 스키드 마크에 대한 설명을 읽고 빈칸을 알맞게 채우세요.

운전자가 차를 빠르게 몰다가 갑자기 세우기 위해 (㉠)를 밟으면 도로와 타이어 사이가 세게 비벼지면서 뜨겁게 열이 나요. 이때 (㉡)가 살짝 녹아 타이어 자국이 생기지요. 이를 스키드 마크라 해요. 이 자국은 (㉢) 현장에서 종종 볼 수 있답니다.

① ㉠ 브레이크   ㉡ 고무   ㉢ 자동차 사고
② ㉠ 액셀러레이터 ㉡ 고무   ㉢ 자동차 사고
③ ㉠ 브레이크   ㉡ 아스팔트   ㉢ 화재 사고
④ ㉠ 액셀러레이터 ㉡ 아스팔트   ㉢ 화재 사고

3 도구흔의 뜻과 이 단서의 분석이 중요한 이유에 대해 써 보세요.

서술형 문항 대비 ✓

....
....
....
....

4 다음 단어와 뜻을 알맞게 짝지어 보세요.

탄피 ㉠   ① 총알이 나사 모양 홈을 빠져나와 목표물을 향해 날아갈 때, 총알 겉면에 생기는 줄무늬

탄두 ㉡   ② 목표물을 향해 날아가는 총알의 한 부분

발사흔 ㉢   ③ 탄두를 밀어낸 뒤, 총 주변으로 떨어지는 부분

4화 거짓말이 보여요

1 다음 중 프로파일러가 하는 일이 아닌 것을 고르세요.

① 범인의 특징 추론

② 혈흔 분석

③ 용의자가 스스로 죄를 말할 수 있게 유도 심문

④ 범인이 있을 만한 곳 예측

2 다음은 거짓말 탐지기의 원리에 대한 설명입니다. 빈칸에 들어갈 말로 알맞은 단어는 무엇일까요?

> 사람이 거짓말을 하면 불안한 마음이 생겨요. 그러면 여러 (   )이/가 자극을 받아 몸에 크고 작은 변화가 일어나지요. 대부분 호흡과 맥박이 평소보다 빨라지고, 혈압이 올라가며, 땀이 나는데 이러한 변화를 측정하는 장치가 바로 거짓말 탐지기랍니다.

① 신경   ② 손가락   ③ 근육   ④ 기억

3 다음 중 수사할 때 거짓말 탐지기를 이용하는 목적에 대해 맞는 것을 모두 고르세요.

① 마음이 편안한 상태에서 말하게 하기 위해
② 조사받는 사람의 말이 진실인지 거짓인지 확인하여 수사에 참고하기 위해
③ 조사받는 사람이 거짓말을 하면 벌금을 내게 하려고
④ 범인이 스스로 죄를 고백할 수 있도록 하기 위해 사용

4 거짓말 탐지기와 법최면의 결과는 현재 확실한 증거로 인정받지 못하고 있어요. 다만 수사와 재판에 도움이 되도록 참고하는 정도이지요. 이 수사 방법의 결과는 왜 증거로 인정하지 않는 걸까요? `서술형 문항 대비` ✓

5화 영상과 그림으로 기록하는 얼굴

1 다음은 사건의 재구성에 대한 설명입니다. 빈칸에 들어갈 말로 알맞게 짝 지어진 것을 고르세요.

> (㉠)은 지금은 볼 수 없거나 모습이 훼손된 것을 원래의 모습으로 만드는 작업이에요. 사건 현장이나 상황을 (㉠)하는 것을 사건의 재구성이라고 해요. 이때 현장을 찍은 사진, 용의자의 몽타주 등 (㉡) 분야를 활용하면 사건 해결에 큰 도움이 돼요. 이러한 사건의 재구성을 통해 (㉢)의 방향을 잡고, 용의자의 폭을 좁혀 가며 범인을 잡는답니다.

① ㉠ 조립　㉡ 예술　㉢ 수사
② ㉠ 복원　㉡ 예술　㉢ 수사
③ ㉠ 복원　㉡ 사회　㉢ 사건 현장
④ ㉠ 조립　㉡ 사회　㉢ 사건 현장

2 CCTV가 설치되어 있지 않은 곳을 고르세요.

① 으슥한 주차장
② 사람이 많은 지하철
③ 목욕탕 탈의실
④ 건물 내부

3 다음 중 몽타주에 대한 설명으로 틀린 것을 고르세요.

① 피해자나 목격자의 말을 바탕으로 성별, 나이, 얼굴형, 눈 등을 하나씩 맞춰서 범인의 얼굴을 그린 그림이다.
② 과학이 발달했어도 몽타주는 손으로 그려야 정확하기 때문에 요즘에도 손으로 그리고 있다.
③ CCTV나 DNA 등의 단서가 없을 때 사건 해결에 도움이 된다.
④ 죽은 사람의 신원을 모를 때, 누구인지 알아내기 위해 사용한다.

4 다음에서 설명하고 있는 기술의 이름은 무엇일까요?

> 머리뼈를 바탕으로 원래의 얼굴을 추측해 보는 기술이에요. 과거에는 머리뼈에 작은 찰흙으로 근육과 피부를 만들어 붙여 복원했으나, 현재는 프로그램을 통해 복원하고 있지요.

① 컴퓨터 안면 복원　　② 컴퓨터 얼굴 조각
③ 컴퓨터 조각상　　　④ 컴퓨터 3D 얼굴

6화 수사를 위해 모인 사람들

1 나석이와 다래의 대화를 읽고, 나석이의 장래 희망을 고르세요.

 일단 시험에 합격해야 한다니까 한국사, 영어, 경찰학 공부를 열심히 해야겠어.

범인을 빠르게 잡으려면 체력도 튼튼해야 한다.

 응. 평소에 운동도 꾸준히 해야겠네.

네가 범죄를 예방하고 사회의 질서를 지키는 공무원이 되겠다고 하니, 기쁜 마음으로 응원할게!

① 범죄심리학자　　② 프로파일러
③ 과학수사 대원　　④ 형사

2 다음 글을 읽고 어떤 기관에 대한 설명인지 고르세요.

> 이곳은 사건의 흔적을 바탕으로 의학, 화학, 공학 등의 분야에서 수사의 해결을 돕는 기관이에요. 크게 중앙법의학센터, 법생화학부, 법공학부로 나뉘어요.

① 국립과학수사연구원　　② 경찰서
③ 병원　　④ 법원

3 아래 직업과 업무를 알맞게 짝지어 보세요.

법의관 ㉠　　　　　　① 지문 및 발자국 검색

프로파일러 ㉡　　　　② 범죄 행동 분석

과학수사 대원 ㉢　　　③ 시체 부검

형사 ㉣　　　　　　　④ 탐문 수색, 용의자 추적, 범인 검거

4 만약 과학수사가 없었더라면 사회는 어떻게 변했을까요? 자유롭게 써 보세요. 서술형 문항 대비 ✓

정답 및 해설

1화

1. ①119 ②119 ③112 ④112
⋯ 사람이 다치거나 재난 상황일 때는 119, 범죄 상황일 때는 112에 전화해요. (☞16쪽)

2. ㉠-③ ㉡-② ㉢-① ㉣-④
⋯ (☞18, 30~31쪽)

3. 빠르고 정확한 수사를 위해서는 사건 당시 상황과 증거가 그대로 남아 있어야 해요. 따라서 질서유지선을 설치하고 사건 현장을 그대로 보존하여 증거의 훼손을 막아야 하지요.
⋯ (☞17~18쪽)

4. ②, ④
⋯ 부검은 법의학자들이, 지문 채취는 과학수사 대원이 해요. (☞18, 23쪽)

2화

1. 손가락, 땀샘, 무늬 (☞38쪽)

2. ②
⋯ 혈액은 사람마다 다르지 않고, 몇 가지 유형으로 나뉘어요. (☞40쪽)

3. ③
⋯ DNA는 머리카락, 침, 혈액 등 사람의 몸에서 나온 물질에서 찾을 수 있어요. (☞43쪽)

4. ③ (☞44~45쪽)

3화

1. ③ ⋯ 보폭은 사람마다 달라요. (☞57쪽)

2. ①
⋯ 스키드 마크는 자동차를 빠르게 몰던 중 급하게 브레이크를 밟을 때 생겨요. 차가 멈출 때 타이어가 바닥에 세게 비벼져 뜨거운 열이 나 고무가 녹기 때문이에요. (☞58쪽)

3. 도구흔은 드라이버, 칼, 망치 등 도구로 충격을 주었을 때 생기는 흔적이에요. 범인이 사용한 범행 도구를 알아내면 사건 해결에 도움을 줄 수 있으므로, 도구흔의 분석은 중요해요. ⋯ (☞60~61쪽)

4. ㉠-③ ㉡-② ㉢-① (☞63쪽)

4화

1. ② ⋯ 혈흔은 과학수사대에서 분석해요. (☞19쪽)

2. ①
⋯ 호흡, 맥박, 혈압 등의 변화는 신경이 자극을 받아 일어나는 현상이에요. (☞76쪽)

3. ②, ④

⋯ 거짓말 탐지기는 수사받는 사람의 말이 참인지 거짓인지 확인하여 수사에 참고하기 위해 사용해요. 또한 범인에게 여러 질문을 던져 스스로 죄를 고백할 수 있게 유도하는 데 도움이 되지요. (☞77쪽)

4. 수사관의 질문 방식이나 대화 분위기, 대화 내용 분석 등에 따라 거짓말 탐지기의 검사 결과가 달라질 수 있어요. 법최면의 경우, 피해자나 목격자가 사실과 다르게 기억할 수도 있어요. 따라서 두 수사 기법은 확실한 증거로 인정되지 않는답니다.

⋯ (☞77, 80~81쪽)

5화

1. ②

⋯ 사건을 복원할 때 사진이나 몽타주 등 예술 분야를 활용하면 수사에 큰 도움이 돼요. (☞92~93쪽)

2. ③

⋯ 목욕탕 탈의실은 사생활 침해의 문제가 있으므로 CCTV를 설치할 수 없어요. (☞94~95쪽)

3. ②

⋯ 옛날에는 미술가가 연필로 몽타주를 그렸으나, 과학이 발달한 요즘에는 컴퓨터 프로그램을 이용해 만들고 있어요. (☞96~99쪽)

4. ①

⋯ 머리뼈를 스캔하여 컴퓨터 프로그램을 통해 얼굴을 복원하는 기술을 컴퓨터 안면 복원이라고 해요. (☞98~99쪽)

6화

1. ④

⋯ 형사는 범죄를 예방하고 사회의 질서를 지키는 경찰 공무원이에요. 형사가 되려면 먼저 경찰 시험에 합격해야 하지요. 시험은 필기시험과 신체·체력·적성 검사 등이 있어요. (☞110~111쪽)

2. ①

⋯ 국립과학수사연구원에는 중앙법의학센터, 법생화학부, 법공학부로 구성되어 있어요. (☞112~113쪽)

3. ㉠-③ ㉡-② ㉢-① ㉣-④

⋯ (☞110~117쪽)

4. 각자 과학수사가 없었으면 어땠을지 생각해 봐요.

찾아보기

ㄱ
거짓말 탐지기 … 76~77
검거 … 31
경찰 공무원 … 110
경찰서 … 111
경찰청 … 111
과학수사관리관 … 114~115
국립과학수사연구원 … 112~114

ㄷ
도구흔 … 60~61
DNA … 42~43

ㄹ
루미놀 … 41

ㅁ
목격자 … 30
몽타주 … 90, 96~97
문서 감정 … 78

ㅂ
발사흔 … 63
범죄심리학 … 74
범죄심리학자 … 74
법최면 … 80~81
복원 … 93
부검 … 23

ㅅ
수배 … 31
수사 … 17
스키드 마크 … 58
CCTV … 94~95

ㅇ
안면 복원 … 98
용의자 … 31
유치장 … 31

ㅈ
잠복 … 31
증거 … 30
증인 … 30
지구대 … 111
지문 … 38
질서유지선 … 30

ㅊ
치안센터 … 111
치흔 … 45

ㅌ
탐문 … 30

ㅍ
파출소 … 111
프로파일러 … 24, 75, 116~117
피의자 … 31
피해자 … 31
필적 감정 … 79

ㅎ
혈흔 … 40
형사 … 20